Publications du Hakika

CW00865984

FOI ET ISLAM

Mawlânâ Khâlid al-Baghdâdî

Traduit par
Hüseyn Hilmi Işık

Treizième édition

Hakîkat Kitâbevi
Darüşşefeka Cad. 53 P.K.: 35
34083-Fatih-ISTANBUL/TURQUIE
Tel: 90.212.523 4556–532 5843 Fax: 90.212.523 3693
http://www.hakikatkitabevi.com
e-mail: info@hakikatkitabevi.com
NOVEMBRE-2012

Cher lecteur

Assalamu alaykum wa rahmatullah

Tout ce qui est écrit dans ce livre fut tiré des livres des savants de l'Islâm. Nous n'y avons rien ajouté. On avait commencé à ce travail bienveillant dans le but de servir à l'humanité et d'avoir les appréciations de tous ceux qui travaillent pour le bonheur des gens et de ceux qui protègent les droits de l'homme. Quand on lit avec une grande attention et en méditant bien sur ceux qui furent écrits par ces grands savants, connus dans le monde entier, il est possible d'acquérir des sciences spirituelles et matérielles, inshallahu taâlâ. En présentant nos salutations les plus cordiales, nous prions Allahu taâlâ de vous accorder de la santé, du bien-être et une vie bienheureuse. Âmin.

«Wa sallallahu alâ sayyidinâ Muhammadin wa alâ âl-i Muhammad wa bârik alâ sayyidinâ Muhammadin wa alâ âl-i Muhammad. Allahumma Rabbanâ âtinâ fiddunâ hasanatan wa fil-âkhırati hasanatan wa qinâ azâbannâr bi-rahmatika yâ Arhamarrâhimîn! Âmin.»

Hakîkat Kitâbevi

Impression:

İhlâs Gazetecilik A.Ş.
29 Ekim Cad. No: 23 Yenibosna-ISTANBUL/TURQUIE
Tel: 90.212.454 30 00

TABLE DES MATIERES

Tous les droits de traduction, de reproduction et d'impression de ce livre **ne sont pas réservés**. Tout le monde peut les faire à condition qu'on ne fasse pas de changement dans le contenu et qu'on utilise du papier de bonne qualité pour l'impression et qu'on fasse bien attention à la conception du texte et des lettres et au montage. Nous le remercions bien et prions à Allahu taâlâ pour qu'IL récompense son travail profitable.

«Subhânallahi wa bi-hamdihi sübhânallahil-azîm».

(Gloire et pureté à Allah le Tout Puissant ainsi que toutes louanges à Lui; Gloire à Allah, l'Immense, le Parfait) Celui qui dit cent fois (le matin et le soir) ce **kalima-i tanzîh** serait déchargé de tous ses péchés; il serait protégé d'en commettre de nouveau. Cette invocation (dou'a) est traitée en détail dans le **Maktûbât** (V. 307 et 308 ièmes lettres) d'İmâm al-Rabbânî Ahmad Fârûq al-Sarhandî «rahmatullahi alayh» et elle débarrasse de tous les soucis.

Bismi-l-lâhi-r-rahmâni-r-rahîm

PREFACE

Nous commençons à écrire ce livre en prononçant le mot "Basmala" [*C'est prononcer la formule sacramentelle: "Bismi'llâhi r'-rahmâni'r-rahîm"; Au nom d'Allah, le Clément, le Miséricordieux*].

Allahu ta'âlâ (Le Très-Haut; Le Tout-Puissant) a pitié de tous les êtres humains qui sont sur cette terre. IL crée toutes choses dont ils ont besoin et IL les remet à tous. IL communique et indique clairement le chemin qui mène à la béatitude éternelle. IL accorde la voie du salut, IL délivre de la calamité éternelle ceux qui se sont repentis et qui demandent pardon parmi ceux qui se sont égarés du droit chemin en se trompant par leurs désirs sensuels, de mauvais amis, des livres nuisibles et des médias étrangers. Mais IL n'accorde pas ce bienfait à ceux qui sont cruels et enragés. IL les maintient dans le chemin de l'incrédulité qu'ils préfèrent. Dans l'au-delà, parmi ceux qu'IL voudra pardonner, leur accordera sa Grâce et les enverra au Paradis. C'est Lui Seul qui crée toutes les créatures vivantes, qui fait que tous les êtres continuent d'exister à tout moment et qui les protège de la peur et de l'horreur. C'est en nous plaçant sous la protection d'un nom aussi honorable que celui d'un tel Allah, c'est à dire, en demandant Son aide que nous commençons à écrire ce livre.

Hamd [Gloire, Louange] à Allahu ta'âlâ. Bénédiction et salut soient sur son Prophète bien-aimé Muhammad *(alaihissalâm)*. Que les prières favorables soient sur son pur Ahl al-Bayt (Gens de la Maison) ainsi que sur chacun de ses loyaux et fidèles Ashâb (compagnons) *"radî-Allâhu 'anhum"*.

Hamd, c'est croire et dire que c'est Allahu taâlâ qui crée tous les bienfaits et qui nous les accorde. Shukr (Gratitude), c'est s'en servir tous convenablement à Islâm.

Des milliers de précieux livres écrits relatant les croyances de la religion Islamique, ses commandements et ses interdictions ont été traduits en langues étrangères et diffusés dans tous les pays. Par contre, des gens au raisonnement déficient, à la vue courte, des religieux ignorants trompés aux agents britanniques et des mécréants hypocrites ont continuellement attaqué les principes salutaires, bienfaisants et lumineux de l'Islâm et ont tenté de les profaner et de les modifier et ainsi d'induire les musulmans en erreur.

On voit avec gratitude que, dans tous les côtés du monde, des savants en Islâm s'efforcent aujourd'hui aussi de propager et de défendre le droit chemin, la croyance de l'Islâm. Les docteurs du droit chemin qui ont écrit correctement les sciences rapportées par Ashâb-al kirâm sont appelés **«savants Ahl Sunna»** (de la Tradition Prophétique). Malheureusement, on voit aussi des propos et des articles impropres. Ceux qui n'ont pas lu ou compris les ouvrages des savants Ahl Sunna, les ont tirés incorrectement du Qur'ân al-karîm et du Hadîth. Cependant ces telles paroles et ces tels articles s'effacent en face de la grande foi des Musulmans et ils n'ont aucune influence mais indiquent plutôt l'ignorance de leur auteur.

Quiconque dit qu'il est un musulman et on le voit faisant la prière en djama'a (en performant son salât en communauté), on comprend qu'il est un musulman; ces pratiques témoignent qu'il est un croyant, musulman. Mais plus tard, si on entend ses paroles déviées et si on voit ses conduites inconvenantes aux acquis de la croyance rapportée par les savants Ahl Sunna, on lui explique que cela signifie la mécréance [kufr] ou la déviation [dalâla] en religion. On lui dit d'y renoncer et de s'en repentir. S'il n'y renonce pas et s'il défend inintelligemment ses idées corrompues, on comprend alors qu'il est un hérétique ou un renégat ou un apostat ou quelqu'un vendu aux incrédules anglais. Il ne pourra jamais s'échapper à cette calamité même s'il continue à faire les prières rituelles [salât, namaz] et le pèlerinage [hajj] et toutes sortes de prière et de pratiques pieuses. Il ne sera pas un musulman tant qu'il ne renoncera pas à ce qui cause la mécréance ou l'incrédulité et qu'il ne s'en repentira pas. Tout musulman doit apprendre bien ce qui cause la mécréance et se garder d'y tomber ou d'être un apostat ou un renégat et il doit connaître bien les incrédules, les mécréants hypocrites qui passent pour musulman et les agents britanniques; enfin, il doit se protéger de leurs méfaits.

Rasûlullah (le Messager, Raçoûloullah) "sallallahu alaihi wa sallam"avait prédit que les fausses interprétations du Qur'ân al-karîm et des hadiths auraient eu lieu et qu'ainsi soixante-douze groupes déviés, hérétiques auraient été produits. Les livres intitulés **"Barîka"** et **"Hadîka"** ont expliqué ce hadith ci-dessus rapporté dans les livres **"Bukhârî"** et **"Muslim"**. Il faut être éveillé pour ne pas se captiver aux livres, conférences des hommes de ces groupes hérétiques qui sont apparus sous les titres de professeur en théologie et en guise de grand savant en religion et il faut être prudent pour ne pas tomber dans les pièges de ces voleurs de foi et de religion. En outre de ces musulmans ignorants, des communistes, les francs-maçons d'un côté, des missionnaires chrétiens, les Wahhabites vendus aux Anglais et les sionistes juifs de l'autre côté essayent de captiver les jeunes musulmans par de nouvelles méthodes. Ils s'efforcent d'anéantir l'Islâm et la foi au moyen de publications apocryphes, cinéma, théâtre, télévision, radio et de toutes sortes de média. Dans ce but, ils dépensent beaucoup d'argent. Les savants islâmiques "rahima-humullahu taâlâ" avaient déjà écrit les réponses nécessaires et rapporté la religion d'Allahu taâlâ, la voie du bonheur et du salut.

Parmi ces ouvrages, nous avons choisi le livre intitulé **"I'tiqâdnâma"** de Khâlid-i Baghdadî Uthmanî, le grand et l'un des vrais savant de l'Islâm. Ce livre avait été traduit en turc par le défunt Hadjî Fayzullah Effendi de Kamah et il avait été intitulé **"Faraîd'ul favaid"** et reproduit en Egypte en 1312 de l'Hégire. Nous l'avons simplifié et publié sous le titre "Foi et Islâm". Sa première édition est faite en 1966 par **Hakikât Kitabevi**. Nous avons mis les explications et les commentaires faits ultérieurement dans des crochets [ ]. Gloire et Hamd à Allahu taâlâ qu'IL nous accorda la publication de ce livre. La version originale en persan de cette traduction existe dans la bibliothèque de l'Université d'Istanbul sous le titre de **"I'tiqadnâma"** au département "Ibn'ul Emin Mahmud Kemal Beg" au numéro F. 2639.

Honorable Ala-ud-dîn al-Haskafî "rahima-hullahu taâlâ", l'auteur du livre **"Durr-ul-Mukhtar"** écrit comme le suivant à la fin du chapitre au sujet de l'acte de mariage du mécréant: "Si une jeune fille musulmane de qui l'acte de mariage a été accompli méconnaisse l'Islâm quand elle arrive à l'âge de puberté, son mariage sera nul. [C'est à dire, elle deviendra apostat] Il faut lui enseigner les attributs d'Allahu ta'âlâ. Et elle, elle doit les répéter et les affirmer. Ibn' Abidîn l'explique comme le suivant: "La fille est musulmane à son enfance en imitant ses parents. Mais, quand elle arrive à l'âge de puberté son appartenance à la religion de ses parents ne continue pas. Si elle y arrive sans connaître l'Islâm, elle devient apostat. Bien qu'elle prononce le mot **"Tawhîd"** (l'Unicité d'Allah Le Tout Puissant), c'est à dire, **"Lâ ilâha illallah, Muhammadun rasûlullah** (raçoûloullah)"**, son état musulman ne durera pas tant qu'elle n'apprendra pas et qu'elle n'attestera pas les six fondements de la foi et le devoir d'obéir aux principes de l'Islâm. Il faut qu'elle apprenne les six piliers déclarés dans **"Amantu billâhi..."** et qu'elle ait la foi en ceux-ci et qu'elle déclare qu'elle atteste et affirme les commandements et les interdictions d'Allahu taâlâ". On comprend de cette explication d'Ibnî Abidîn que si un incroyant, un incrédule prononce le mot tawhîd (Lâ ilâha illallah, Muhammadun rasûlullah) et s'il l'atteste et croit brièvement au sens de ce mot, il sera un musulman. Mais, comme tous les autres musulmans, lui aussi, il doit apprendre dans la mesure du possible les six principes de la foi, c'est à dire, il doit apprendre par coeur **"Amantu billâhi wa malâ'ikatihi wa kutubihî wa Rusulihî wal yavmil-âkhîri wa bi-l qadari khayrihi wa sharrihi minallâhi taâlâ wal-bâ'thu ba'dalmawti haqqoun achadu an lâilaha illallah wa achadu anna Muhammadan 'abdu-hu wa rasûlu-hu"** et il doit apprendre bien son sens. Et si un enfant musulman n'apprend pas ces six piliers et les sciences de base islamiques et s'il ne dit pas qu'il a cru en ceux-ci, il deviendra un apostat quand il arrive à l'âge de puberté. Après la foi, il est obligatoire (c'est fard) de demander, d'apprendre et de savoir les **sciences de l'Islâm**, c'est à dire les fards, les devoirs, les harams (interdictions de l'Islâm), l'ablution, la grande ablution, faire la prière rituelle de salât et de recouvrir les parties awrat du corps. ["awrat", c'est la partie du corps qu'il faut couvrir, cacher et qu'il ne faut pas regarder; partie awrat pour les hommes, c'est la partie du corps située entre le nombril et les genoux; pour les femmes, c'est tout le corps, sauf le visage et les mains]. Il est aussi fard (obligation) pour la personne à qui on demande de l'apprentissage des sciences islamiques et de désigner un livre droit sur la religion. Il est aussi fard (obligation) d'en rechercher s'il n'arrive pas à trouver quelqu'un ou un livre à consulter. S'il n'en recherchait pas, il serait un incrédule. Il serait une excuse jusqu'à ce qu'il en trouve. Ceux qui n'accomplissent pas les fards (obligations) à temps et à son heure et qui commettent des péchés seront torturés dans l'Enfer. Les six fondements de la foi sont expliqués largement dans ce livre. Tout musulman doit attentivement lire ce livre et il doit tâcher afin que ses enfants, ses amis et ses proches le lisent aussi.

Dans l'explication des ayâts dans notre livre, on a utilisé le sens exégétique, signifiant ici l'explication faite et rapportée par les savants d'interprétation (tafsîr) des ayât-al karîma. Car, c'est seulement Rasûlullah (Le Messager d'Allah le Tout Puissant) "sallallahu alaihi wa sallam" *(paix et salut soient sur lui)* qui a compris le sens des ayâts et qui les a communiqués à son Ashâb (compagnons). Les savants d'interprétation ont sélectionné ces hadith al-sharifs parmi ceux qui ont été produits par les mécréants hypocrites vendus aux incrédules anglais et des hommes de religion reniant les madhabs qui sont des écoles de jurisprudence de l'Islâm et ils ont expliqué eux-mêmes les ayâts sur lesquels ils n'avaient pas pu trouver des hadiths, en suivant les règles de la science d'interprétation. La compréhension des ignorants de religion qui connaissent l'arabe, mais qui ignorent la science d'interprétation n'est jamais de l'**"interprétation du Coran"**. C'est pourquoi, il est dit dans le Qur'an al-karîm: **"celui qui interprète le Qur'ân al-karîm suivant sa propre compréhension deviendra mécréant"**.

Puisse Allâhu taâlâ nous maintenir tous dans le droit chemin rapporté par les savants Ahl sunna. Puisse-t-Il nous protéger contre les mensonges insidieux et dorés des ignorants de religion, des hypocrites qui n'ont pas de madhab mais qui portent des titres comme grand savant en islâm! Âmîn.

Tous les livres publiés par **Hakîkat Kitâbevi** sont diffusés dans le monde entier par Internet.

| **Juillet** | **Hijrî solaire** | **Hijrî lunaire** |
| **2012** | **1390** | **Ramadan 1433** |

AVIS: Les missionnaires s'efforcent de propager le Christianisme, les Juifs le Talmud et Hakîkat Kitabevi à Istanbul fait la même chose pour diffuser l'Islâm et les Francs-maçons pour anéantir les religions. Les gens raisonnables, équitables, sages, intelligents et intellectuels découvrent le droit parmi ceux-ci, aident à le propager et partagent l'honneur du salut et du bonheur de tous les gens dans le monde et dans l'au-delà. Et c'est certainement le plus précieux et plus utile service à l'humanité...

Aujourd'hui, les musulmans se sont divisés en trois groupes: Ceux du premier groupe sont les véritables musulmans qui sont sur la voie des Sahaba-al kirâm (compagnons de Rasûlullah *"sallallahu alaihi wasallam"*). Ceux-ci s'appellent «**Ahl sunna**» (Gens de la Sunna) et «**Sunnites**» et «**Fırqa al-najiya**», groupe sauvé de l'Enfer. Ceux du deuxième groupe sont hostiles aux Sahabâ-al kirâm. Ceux-ci s'appellent «**Chiites**» et «**Fırqa dâlla**», groupe égaré (ou groupe hérétique). Et le troisième groupe, ceux-ci sont hostiles aux Sunnites et aux Chiites. Ceux-ci s'appellent «**Wahhabites**» et «**Najdî**». Car ils sont apparus premièrement dans la ville Najd de l'Arabie. Ceux-ci sont appelés aussi «**Fırqa al maloun'a**» (Groupe maudit). Car, il est écrit dans nos livres qu'ils appellent Ahl sunna comme infidèles mécréants. Notre Prophète a maudit ceux qui le disaient. Ceux sont les Juifs et les Anglais qui ont mis cette divergence entre les musulmans et qui les ont divisés en trois groupes. Tout croyant doit dire toujours «**Lâ ilâha illallah**» pour la tazkiya de nafs (purification de l'âme), c'est à dire pour être purifié de l'ignorance et des péchés existants dans sa création. Et, il doit dire toujours «**Astaghfirullah**» pour la tasfiya de qalb (purgation du cœur), c'est à dire pour être délivré des péchés et de la mécréance (kufr) provenus de l'âme, du Satan, de mauvais amis et des livres hérétiques et nuisibles. Les invocations de celui qui obéit les commandements de l'Islâm et qui se repent de ses péchés seront valables; elles seront acceptées. Mais, celles de celui qui ne pratique pas ses prières de salât, et qui regarde les parties awrat des gens, des femmes non voilées et qui gagne d'une voie non halâl ne sont pas valables et sont inacceptables.

– 1 –

INTRODUCTION

Avant de commencer son livre, Mawlânâ Khalid al-Baghdâdî (qaddassallahu taâlâ sirrahul'azîz) a voulu le rehausser et l'enrichir avec la dix-septième lettre de troisième volume du livre **"Maktûbât"** de Hadrat **Imâm ar-Rabbânî Ahmad Fârûq al-Sarhandî** *"rahmatullahi alaih"*. **Imâm al-Rabbânî** (quddisa sirruh)[1] dit comme le suivant dans sa lettre:

Je commence à écrire ma lettre en prononçant le mot basmala[2]. Que grâces infinies soient à Allâhu ta'âlâ et que notre reconnaissance aille vers Lui qui nous a accordé des faveurs de toutes sortes et nous a honorés en faisant de nous des musulmans et en nous procurant le mérite d'être le peuple du plus éminent des êtres jamais créés, Muhammad alaihissalâm *(prière, bénédiction et salut soient sur lui)*, ce qui est pour nous le plus grand des bienfaits.

Il faut bien réfléchir et comprendre que c'est Allahu ta'âlâ seul qui accorde à chacun toute faveur. C'est Lui seul qui fait exister tout. C'est Lui seul qui maintient chaque être en vie à tout moment. C'est Lui seul qui crée toutes choses. C'est Lui seul qui détermine tout ce qui arrive dans l'existence. Les plus hautes, les plus belles qualités humaines sont Ses grâces et Ses faveurs. La vie, le savoir et la force, la parole et l'ouïe, tout cela vient de Lui. C'est Lui qui envoie tout le temps d'innombrables grâces et faveurs. IL est Celui qui secourt les humains dans leurs malheurs et dans leurs détresses, reçoit leurs prières, dissipe leurs chagrins et soulage leurs maux. Lui seul produit la nourriture et nous la fait parvenir. Sa bienveillance est si généreuse qu'IL n'ôte pas la nourriture du pêcheur. Si grand est Sa Miséricorde qu'IL dissimule les péchés, IL ne les dévoile pas et qu'IL n'humilie pas ceux qui n'obéissent pas

---

[1] Imâm al-Rabbânî est décédé en 1034 de l'Hégire [en 1624]

[2] Au nom d'Allah Le Très-Haut, Clément et Miséricordieux.

devant Ses interdictions, qu'IL ne les expose pas au mépris, ne déchire pas leur masque d'honnêteté. IL est si indulgent, si miséricordieux, qu'IL ne se hâte pas de punir ceux qui méritent punitions et supplices. IL répand Ses grâces et Ses faveurs à la fois sur ce qu'IL aime et sur ses ennemis. Sa générosité s'étend à tous. Et, le plus grand, le plus précieux de Ses bienfaits, c'est qu'IL montre le droit chemin, le chemin du bonheur et du salut. IL nous stimule sur le chemin du Paradis sans nous égarer. Et IL nous ordonne de nous conformer à son Prophète bien-aimé, Muhammad alaihissalâm, pour que nous puissions atteindre tous ces bienfaits infinis, ces plaisirs sans bornes, inépuisables, et Son approbation et Son amour. Ainsi les bienfaits d'Allahu ta'âlâ ont-ils la clarté du soleil. Les faveurs qui nous proviennent des autres, viennent aussi de Lui. C'est encore Lui qui les utilise comme intermédiaires et leur donne le désir, le pouvoir et la force d'accorder des faveurs. C'est pourquoi IL est toujours, Celui qui accorde tous les bienfaits qui sont accordés de toute part et par tout le monde. Attendre des faveurs de tout autre que de Lui, c'est comme espérer obtenir quelque chose en prêt de la main d'un dépositaire ou demander l'aumône à un pauvre. L'ignorant, comme l'homme instruit, le sot, comme l'homme intelligent et fin, sait que ce que nous disons ici est juste et vrai; ces paroles sont des sciences et vérités claires. Il n'est même pas nécessaire d'y réfléchir.

Celui qui accorde des faveurs est remercié. Il mérite le respect. C'est donc un devoir humain pour chacun de remercier, autant qu'il le peut, Allahu ta'âlâ qui nous a gratifiés de ces faveurs. C'est une dette, un devoir que la sagesse commande. Mais ce n'est pas une tâche facile, pour des hommes créés de rien, que de s'acquitter de ces remerciements qui sont une dette envers Allah Le Tout Puissant. C'est qu'ils sont faibles, pauvres, emplis d'imperfection et de défauts. Quant à Allahu ta'âlâ, IL est toujours, IL existe de toute éternité. IL n'a aucune imperfection. Chaque forme de supériorité Lui appartient en propre. Les hommes n'ont, de quelque façon que peuvent-ils, aucune association, aucune similitude avec Allahu ta'âlâ. Ceux qui sont tellement inférieurs peuvent-ils remercier le grand Allah d'une façon convenant à Sa dignité? Il y a tant de choses que les gens les considèrent comme admirables ou précieuses; mais au fond elles sont des choses méprisables et désapprouvables auprès d'Allah Le Tout Puissant. Des actes que nous considérons comme gratitude ou respect peuvent être des non-valeurs. C'est pourquoi les hommes, avec leurs propres idées imparfaites et à courte vue ne peuvent pas découvrir les marques de gratitude et de vénération dues à Allahu ta'âlâ. Si les voies du remerciement et du respect dues à Allahu ta'âlâ n'étaient pas montrées par Allah Lui-même, ce que nous croyions comme éloge pourrait être indignation.

Ainsi les devoirs de l'homme, la gratitude que l'on doit avoir envers Allâhu ta'âlâ, le respect qu'il faut lui témoigner, avec le cœur, la parole et le corps, ont été révélés par Allah Le Tout Puissant et transmis par son Prophète bien-aimé *"sallallahu ta'âlâ alaihi wa sallam"*. Les devoirs humains qu'Allâhu ta'âlâ a communiqués et ordonnés sont appelés l' **"Islâm"**. La voie du remerciement dû à Allâhu ta'âlâ c'est de suivre le chemin transmis par son Prophète *"sallallahu ta'âlâ alaihi wa sallam"*. Allâhu ta'âlâ n'accepte, ni n'aime aucun remerciement, aucun culte contraire ou extrinsèque à ce chemin, parce que nombreuses sont les choses que les hommes croient bonnes et belles mais que l'Islâm les déteste. Cela signifie que pour remercier Allâh Le Tout Puissant les gens doués de raisons devraient se conformer eux-mêmes à Muhammad alaihissalâm *(Prière, bénédiction et salut soient sur lui)*. Son chemin est appelé **"Islâm"**. Celui qui suit la voie de Muhammad alaihissalâm est appelé **"Musulman"**. Remercier Allah Le Tout Puissant, c'est à dire suivre Muhammad alaihissalâm est appelé **"ibada't"** (prières). Les sciences islamiques se composent de deux parties: Ce sont les sciences religieuses et les connaissances scientifiques. Les réformistes en religion disent «**sciences scolastiques**» pour les sciences religieuses; et ils disent «**sciences rationnelles**» pour les connaissances scientifiques. Et les sciences religieuses se divisent en deux parties. Ce sont:

1– **(Usûl ad-dîn):** ce sont **"les sciences de la foi"**, qu'il faut croire de tout son cœur. La foi en bref, c'est croire aux fondements de la religion, les six principes indiqués par Muhammad alaihissalâm, d'approuver l'Islâm et d'éviter de dire ou de pratiquer tout ce qui est du signe de la mécréance. Tout musulman doit apprendre ce qui est du signe de la mécréance et doit en éviter. **Musulman**, c'est la personne qui a la foi.

2– **"Furû' ad-dîn":** ce sont les sciences des prières qu'on doit pratiquer et s'abstenir avec le corps et le cœur. Celles qui sont ordonnées de pratiquer sont appelées **"Fard"** (obligatoire, obligation); celles qui sont ordonnées de s'abstenir sont appelées **"Haram"** (interdit, prohibition). Ce sont aussi les **"les ordres de l'Islâm"** (Ahkâm-al islâmiyya) ou **"ʿilm al-Islâm"**.

[La première chose qu'il faut que tout le monde fasse, c'est dire la parole de tawhîd, **«la Kalima du Tawhîd»** (l'Unicité d'Allah Le Tout Puissant), et le fait d'attester le sens du mot. La parole de tawhîd, c'est dire: **«Lâ ilâha illallah Muhammadun rasûlullah».** Cela signifie qu' "Allahu taâlâ existe et IL est unique. Muhammad alaihissalâm est son Messager". Et le fait de croire avec son cœur en ce témoignage, en cette attestation c'est la «profession de foi» (imân) et «être musulman». Le croyant, c'est-à-dire, celui qui a la foi est appelé **«Mu'min»** et **«Musulman».** Il faut que la foi soit assidue. C'est la raison pour laquelle il faut éviter de pratiquer ce qui cause l'incrédulité et de servir d'utiliser ce qui est le signe de l'incrédulité.

Le Qur'ân-al karîm (le Saint Coran) est la parole divine. Allah le Tout Puissant le transmit à Muhammad alaihissalâm par l'archange Gabriel (Jibrîl) alaihissalâm. Les mots du Qur'ân-al karîm sont en langue arabe. Mais c'est Allahu taâlâ qui regroupe ces paroles divines dans un ordre syntactique. Ces paroles du Qur'ân-al karîm qui contiennent les mots et les lettres en langue arabe furent révélés en forme de versets (âyât) classés par ordre syntaxique par Allahu taâlâ. La signification de ces lettres et mots comportent la parole divine. Et ces lettres et mots sont appelés **«le Coran».** Les significations qui désignent la parole divine sont aussi le Coran. Et ce Coran qui comporte la parole divine n'est pas de créature (makhloûq). Il est de toute éternité et éternel comme les autres attributs d'Allahu taâlâ. L'archange Gabriel alaihissalâm venait une fois par an et récitait le Qur'ân-al karîm révélé jusqu'à ce temps-là par ordre selon Lawh-al Mahfouz (Table gardée constituant les matrices célestes), et notre Prophète alaihissalâm le répétait. Il est venu deux fois en l'an où il honorerait l'au-delà et ils lirent tout le Coran. Notre Prophète et plusieurs Sahâba (Compagnons) avait récité le tout du Qur'ân-al karîm. Abû Bakr Siddîq , le grand calife «radiallahu anh'» réunit un conseil; compila tous les manuscrits du Qur'ân-al karîm et ceux qui les avaient déjà récité; il le fit rédiger par ce conseil en l'an où notre Prophète sallahu alaihi wasallam honora l'au-delà. C'est appelé **«le Mushaf».** Trente trois mille compagnons (sahabâ) déclarèrent unanimement que toute lettre de ce Mushaf était à sa propre place.

Les paroles de Muhammad alaihissalâm sont appelées **«Hadith sharif».** Parmi les hadiths, **«le Hadith qudsî»** (sacré) concerne les hadiths dont le sens est à Allahu taâlâ et la parole est à Muhammad alaihissalâm. Il y a de nombreux livres de hadith. Parmi les principaux livres de hadith, le recueil authentique d'Al

Bukhârî «Sahîh **al-Bukhârî**» et de Muslim «Sahîh **Muslim**» sont les plus célèbres.

Parmi les commandements d'Allahu taâlâ, la science de croyance est appelée **«Îmân»** (Foi); les actes qu'on doit exécuter, pratiquer, sont nommés **«Fard»** (actes obligatoires), ceux qu'on doit s'abstenir sont nommés **«Harâm»** (actes ou choses interdits). Les fards et les harâms sont appelés **«Ahkâm islâmiyya»** (règles, ordres de l'Islâm). Celui qui ne croit même pas à l'une des sciences islamiques, c'est appelé **«Mécréant»**.

La deuxième chose qu'il faut à l'être humain, c'est la purification de son cœur. On évoque deux choses quand on parle du cœur: Tout le monde appelle le cœur, ce morceau de viande situé sous le sein. Ce type de cœur existe aussi chez les animaux. L'autre cœur c'est invisible et il s'appelle «l'âme». Les livres religieux parlent de ce deuxième. C'est le cœur qui croit ou qui ne croit pas. Le cœur croyant est pur. Mais le cœur incroyant est impur et mort. Le premier devoir à faire c'est s'efforcer de purifier le cœur. Faire la prière, surtout pratiquer la rituelle de prière de salât et de faire l'invocation d' «Istighfâr» (le repentir) purifient le cœur. Commettre du péché corrompt le cœur. Notre Prophète sallallahu alaihi wasallâm a dit: «Implorez, formulez beaucoup l'istighfâr (le repentir, le pardon)! Celui qui continue à faire l'invocation d'istighfâr, qui demande assidûment à Allah le Tout Puissant de l'absoudre, Allahu taâlâ lui accordera une issue favorable à chaque difficulté, le soulagera de ses soucis, des maladies et Il lui procure sa subsistance par des voies auxquelles il n'aurait pas songé.». Istighfâr c'est dire **"Astaghfîrullah"**. Celui qui implore doit être musulman, doit se repentir sincèrement, avec le regret de ses péchés, il doit faire ses invocations en reconnaissant le sens et en les croyant pour que les implorations soient acceptées. L'invocation faite avec un cœur noirci n'est pas acceptable. Le cœur d'un musulman sera purifié s'il continue de faire ses prières rituelles de salât et s'il répète trois fois son imploration. Son cœur ainsi commencera aussi à faire l'invocation; car, l'invocation faite seulement par la parole sans que le cœur l'atteste ne servira à rien.

Les sciences que nous enseigne la religion islamique sont celles qui sont écrites dans les livres des savants **Ahl sunna**. Quiconque ne croit même pas à l'une des **nass** (bases scripturaires) dont le sens est clair dans les sciences de foi et de l'islâm citées par les savants Ahl sunna, c'est-à-dire, à l'un des versets (âyât-al karîma) et des hadiths sharif devient **"Kâfir"** (mécréant). S'il cache son incroyance, il est appelé **"Munâfiq"** (hypocrite). S'il essaie de tromper les musulmans en cachant son incroyance de même qu'en se présentant comme musulman, il est appelé **"Zindiq"** (dualiste, renégat, païen). S'il interprète d'une manière erronée les nass dont les sens ne sont pas clairs et s'il leur croit inexactement, il ne deviendrait pas mécréant, mais, il ira à l'Enfer parce qu'il est dévié de la voie droite d'Ahl sunna, en bref, à cause de sa croyance déviée. Toutefois, il ne restera pas éternellement dans l'Enfer par suite de sa croyance erronée, il en ressortira et ira au Paradis parce qu'il affirmait les nass aux sens clairs. On les appelle «**Gens d'innovation**» ou «**Groupes déviés**». Il y a soixante douze sortes de groupes déviés. Aucun de leurs actes de déviation n'est pas acceptable. Les prières, services et des charités pratiqués par les mécréants, renégats et les hérétiques ne seront pas acceptés et ils ne serviront à rien dans l'au-delà. Les musulmans de la foi vraie, de la croyance véridique sont appelés **"Ahl sunna wal djamâ'a"** ou **"Sunnite"**. Les sunnites se sont groupés en quatre madhabs (écoles juridiques; écoles de jurisprudence en Islâm) en ce qui concerne l'ibâda't (actes, prières, culte). Ceux qui suivent ces quatre madhabs savent qu'ils sont tous d'Ahl sunna et ils aiment les uns les autres. Quiconque ne suit pas l'une de ces quatre madhabs, n'est pas d'Ahl sunna. Et il est écrit avec les arguments dans les lettres, surtout dans la 286ième lettre du premier volume du livre Maktûbat d'Imâm-ı Rabbânî et dans le chapitre "Zabâyıkh" du commentaire Tahtavî du livre **"Durrul-mukhtâr"** et dans le livre **"Al-basâir li-munkîri-t-tavassul-i bi-ahl-al makâbir"** que celui qui n'est pas d'Ahl sunna serait un mécréant ou dévié. Ces deux livres sont écrits en arabe. Le deuxième fut écrit et reproduit en Inde et il fut reproduit en offset à Istanbul en 1395 de l'Hégire (1975).

Les péchés commis et les fautes dans la pratique des prières de ceux qui suivent l'une de ces quatre madhab (écoles) seront pardonnés s'ils se repentent. S'ils ne se repentent pas, Allahu taâlâ les pardonne s'IL le veut, et, IL ne les met jamais dans l'Enfer. Mais, s'IL le veut, ils auront autant de châtiments que leurs péchés; pourtant, ils se sauveront du châtiment de l'Enfer. Au contraire, ceux qui méconnaissent ou ne croient même pas à l'une des prescriptions religieuses indispensables, c'est-à-dire des savoirs clairs entendus mêmes par les ignorants, seront châtiés éternellement en Enfer. Ceux-ci sont appelés «**Kâfir**» (mécréant, incrédule, impie) et «**Murtad**» (l'apostat, renégat).

Les incrédules se divisent en deux groupes: infidèles qui sont des gens du Livre (Ahl al-kitâb) et mécréants qui ne croient en aucun livre sacré. Un musulman apostasié est appelé **«Murtad»** (l'apostat). Ibn Âbidîn "rahima-hullahu taâlâ" écrit comme le suivant en traitant le sujet d'acte de mariage défendu en raison de chirk (polythéisme, l'association): "L'apostat, renégat, impie, athée, païen, polythéiste, idolâtres, anciens philosophes grecs, munafiq (hypocrite en religion), extrémistes de soixante-douze groupes devenus mécréants, bouddhiste, brahmane, Bâtinî (de la secte secrète), Ibâhî et Druzes sont des infidèles qui ne croient en livres sacrés". Les communistes et les Franc-maçon sont pareils. Les chrétiens et les juifs qui croient aux livres célestes mais falsifiés plus tard, la **Torah** et l'**Evangile**, sont des gens du Livre mais ils sont des infidèles. Ceux-ci deviendront **"Mushrik"** (polythéistes) s'ils croient qu'il existe un attribut de divinité chez une créature.

Soit infidèle des gens du Livre, soit athée ou mécréant polythéiste, si un incrédule se convertit à l'Islâm, il se sauvera d'entrer en Enfer. Il sera un pur musulman sans péché. Mais il faut qu'il soit un musulman sunnite. Etre sunnite veut dire étudier, lire, apprendre un livre de l'un des savants Ahl sunna "rahima-humullahu taâlâ" et le suivre dans ses paroles, dans la foi et dans ses actes. Ce sont ses paroles déclarées ouvertement, sans obligation, ses actes et ses actions qui indiquent si un homme dans le monde est un musulman ou non. Et c'est le dernier soupir qui est révélateur; il indique s'il est mort tout en croyant, prononçant la profession de foi ou non. Une personne musulmane, homme ou femme, commis de grands péchés, sera pardonnée sûrement si elle se repent sincèrement, avec le cœur clair. Elle sera sans péché, toute pure. C'est écrit en détail ce que signifiait **«le repentir»** et comment le faire dans les livres "Ilmihâl" (manuel d'instruction religieuse), par exemple dans le livre **"Foi et Islâm"** en arabe et en turc et dans le livre **"Endless Bliss"** en anglais]

– 2 –

LA FOI ET L'ISLÂM

Dans ce livre **"I'TIQADNÂMA"**, on va expliquer un hadith (la parole bénie de Muhammad alaihissalâm) révélant **«la Foi et l'Islâm»**. J'espère que ce hadith sharif renforcera la foi des musulmans et qu'ils atteindront ainsi au salut et au bonheur. Et j'espère encore que cela aidera à sauver Khâlid (quddisa sirruh) dont les péchés sont nombreux:

C'est ainsi qu'est faite ma foi en Allah Le Tout Puissant, Lui qui n'a besoin de rien, qui abonde en faveurs et en grâces et qui prend pitié de Ses serviteurs: Puisse-t-Il pardonner ce pauvre Khâlid de si modeste origine et au cœur si noir, ses paroles impropres et puisse-t-Il accepter nos imparfaites prières. Puisse-t-Il nous protéger du fourbe Satan [et de nous être captivés aux discours et aux livres erronées des ennemis de l'Islâm] et nous rendre heureux. Le plus miséricordieux des miséricordieux, le plus généreux des généreux, c'est Lui seul.

Les savants en Islâm prescrivirent qu'il est obligatoire pour tout adulte sain d'esprit **"Mukallaf"** –homme ou femme musulman– de savoir et connaître les attributs d'Allahu ta'âlâ nommés Sifât dhâtiyya et Sifât thubûtiyya. C'est la première obligation pour tous. L'ignorance n'est pas une excuse, elle est un péché. Khâlid al-Baghdâdî, le fils d'Ahmed n'écrivit pas ce livre pour faire preuve de supériorité sur les autres, ou de son savoir, ni pour acquérir la renommée, mais pour laisser à la postérité un témoignage, pour rendre un service posthume. Puisse Allahu taâlâ aider Khâlid [*Khâlid al-Baghdâdi est décédé en 1242 de l'Hégire [en 1826].*] de Sa puissance et par l'esprit béni de Son Messager! Âmîn.

[Allahu taâlâ a six Attributs de l'Essence **(Sifât dhâtiyya): al-Wujûd, al-Quidam, al-Baqâ, al-Wahdâniyya, Mukhâlafat'un li'l-hawâdith, al-Qiyâmu bi nafsihî.**

- Al-Wujûd: l'Existence par Lui-même

- Al-Qidam: la Prééternité ou Primordialité Eternelle; Son Existence n'a pas de début;

- Al-Baqâ: la Permanence Eternelle; Son Existence est éternelle, infinie

- Al-Wahdâniyya: Son Unicité; IL n'a jamais ni associé, ni partenaire, ni semblable, ni conjoint)

- Mukhâlafat'un li'l-hawâdith: La Dissemblance absolue d'avec ce qui est créé; IL ne ressemble à aucun égard à aucune créature, à aucune chose créée en aucun de Ses attributs, de Ses Actes, en Son Essence, etc.

- Al-Qiyâmu bi nafsihi: La Subsistance par Lui-même; IL n'a besoin de rien, ni de quoi que ce soit pour qu'IL existe toujours.

Aucun de ces six attributs n'existe en aucune des créatures. Ces attributs n'ont aucune relativité, aucune dépendance, aucun rapport, aucune liaison ou aucune relation non plus avec les choses créées. Il y a eu des savants qui disaient que ces **"Sifât dhâtiyya est de cinq"** en citant qu'al-Wahdâniyya et Mukhâlafat'un l'il-hawâdith comme un seul attribut].

Tout ce qui est autre que Lui est appelé **"Mâ-siwâ"** ou **"Âlam"** (mondes, univers). On l'appelle à présent la **"Nature"**. Tous les univers étaient non-existants. Allahu ta'âlâ les a tous créés. Ils sont tous mumkin (possible) et hadith (contingent)[1]. C'est à dire qu'ils peuvent accéder à l'existence alors qu'ils n'existent pas ou ils peuvent être non-existants alors qu'ils existent, et qu'ils ont accédé à l'existence alors qu'ils n'existaient pas. Le hadith, **"Allahu ta'âlâ existait alors que rien n'existait"** prouve cette vérité.

Une seconde preuve indiquant qu'âlam est hadith (contingent), c'est qu'il change toujours. Tout est instable, toujours changeant. C'est-à-dire, l'âlam (tout; ce qui est créé) est toujours transmuable, mutable, métamorphosable. Mais, ce qui est «Qadîm» (le

---

[1] [Du mot "al-houdoûth" qui signifie la nouvelle présence, la présence récente]. Le mot hadith a des différents sens. L'un de ceux-ci signifie la contingence; le contraire de l'immuabilité; comme adjectif, il signifie ce qui n'est pas immuable, ce qui est nouvellement arrivé, ce qui est récent ou créé postérieurement, ultérieurement; l'autre sens du mot hadith c'est le rapport, le propos, la parole, la communication, la nouvelle, la conversation, la relation, etc. Et Hadiths sharif sont les paroles bénies du Messager d'Allah Le Très-Haut "sallallahu alaihi wa sallam".

préexistant absolu) ne change jamais. L'existence de l'Essence d'Allahu taâlâ et Ses attributs sont qadîm. [Or, dans l'univers, dans les faits physiques, il y a des mutations des substances. L'essence et la structure des substances changent pendant les réactions chimiques. Nous voyons les matières, les corps disparaître en se transformant en autres matières. La matière, l'élément disparaissent pendant les mutations atomiques et les réactions nucléaires qui viennent d'être découvertes de nos jours. Elle se transforme en énergie.] Ces transformations, transmutations et reproductions dans les choses créées ne pouvaient pas provenir de l'éternité. Il faut qu'elles aient un début, qu'elles proviennent des matières premières, des éléments créés du néant.

Une autre preuve que l'âlam (tout; choses créées) est mumkin (possible), c'est-à-dire qu'il peut être alors qu'il n'existait pas, c'est que l'âlam est hadith (contingent). Autrement dit, c'est la présence récente de tout alors que tout était rien, il n'existait pas. [Wujûd signifie exister. Wujûd est de trois sortes: Le premier c'est **Wâjib al-wujûd** ((Existence nécessaire, indispensable, Être essentiel). C'est ce dont l'existence est nécessaire. Il existe toujours; il est toujours. Il ne cesse jamais d'exister, ni dans le passé, ni dans l'éternel futur. Seul Allahu ta'âlâ est wâjib-ul-wujûd. Le second est **"Mumtani' al-wujûd"** (l'impossible). C'est ce qui ne pouvant pas exister; ce qui ne saurait jamais exister. Il faut qu'il n'existe point. "Charik al-bârî" (Partenaire du Créateur) est son exemple. Autrement dit, un deuxième dieu, associé à Allahu ta'âlâ, ou son partenaire ne peut pas exister. Le troisième c'est: **"Mumkin al-wujûd"** (existence possible). Tous les univers (âlam), toutes les créatures sont mumkin-ul-wujûd. Autrement dit, il est possible qu'ils existent ou qu'ils soient non-existants. L'antonyme, le contraire du mot **«wujûd»** (l'existence) est **«adam»** (l'inexistence). Adam signifie la non-existence. Tout (tous les âlam) était dans l'inexistence avant d'exister].

L'existence se divise en deux: le premier c'est **«Mumkin»** (possible) et le second c'est **«Wâjib»** (nécessaire). Si l'existence était seulement possible (mumkin) et si le nécessaire (wâjib al-wujûd) n'existait pas, rien n'existerait. [Car, le fait d'exister alors que ne pas exister, c'est une transformation, un phénomène. Selon la science physique, il faut un effet sur le corps et il faut que la source de cet effet soit existée avant l'effet afin qu'un phénomène physique se produit]. C'est la raison pour laquelle, l'existence du possible (mumkin) ne peut pas exister d'elle-même et elle ne peut pas "être". Si un effet n'intervenait pas elle serait toujours dans la non-existence; elle ne pourrait pas être. Ce qui ne peut pas faire exister lui-même et qui ne peut pas créer lui-même, ne pourra certainement pas créer les autres mumkin (possibles). Il faut que le créateur du possible (mumkin) soit le nécessaire (Wâjib-ul-wujûd). Et l'existence de tout (âlam) démontre qu'il existe un créateur qui le créa du néant. On comprend que ce n'est que le wâjib-ul-wujûd (le nécessaire) qui est le seul créateur de tous les possibles (mumkin), lequel en étant toujours existant mais en n'étant jamais contingent (hadith) ni possible (mumkin). Ce créateur est le préexistant absolu (qadîm). C'est-à-dire qu'il était toujours existant. Wâjib al-wujûd signifie ce dont l'existence est de lui-même, pas d'un autre. C'est-à-dire qu'il existe toujours tout seul. Il n'est pas créé par un autre. S'il ne l'était pas, il fallait alors qu'il soit mumkin (possible) et hadith (contingent) et qu'il soit créé par un autre. Et cela serait un paradoxe. En persan **Khudâ** signifie le préexistant absolu (qadîm). [Veuillez lire s'il vous plaît le 8ème chapitre où il y a une explication plus détaillée à ce sujet]

Nous voyons que les univers sont dans un ordre étonnant. La science découvre chaque année les nouveaux codes de cet ordre. Il s'agit du fait que le créateur des univers soit: **"Hayy"** (vivant), **"Âlim"** (omniscient; savant tout), **"Qâdir"** (tout puissant), **"Murid"** (voulant), **"Samî"** (celui qui entend tout), **"Basîr"** (celui qui voit tout), **"Mutakallim"** (celui qui parle) et **"Khâliq"** (Créateur). Car, mourir, être ignorant, être impuissant, être en sujétion, être sourd, aveugle et muet, tous ceux-ci sont d'imperfections et ceux dont est confus. Il ne serait jamais possible que celui qui créa tout, cet univers dans son ordre et qui le protège de la disparition possède ces attributs d'imperfection.

[Tout ce qui existe, de l'atome aux étoiles, fut créé avec un certain calcul, avec un code. L'ordre dans les codes, dans les corrélations à peine découverts en physique, en chimie, en biologie et en astronomie étonne l'intelligence humaine. Même Darwin fut obligé de dire: «Quand je pense à la structure de l'œil, à la subtilité dans sa constitution, je vois que cette pensée me donne froid au corps, et chaque fois, j'ai l'impression que je sors de mes gonds». L'air contient 78% d'azote, 21% d'oxygène et 1% de gaz rares. L'air est un mélange, pas composé. Si le taux d'oxygène était plus de 21% il nous brûlerait les poumons. S'il était moins de 21% il n'ne pourrait pas brûler les nutriments dans le sang et la combustion ne pourrait pas se produire; finalement les hommes et les animaux ne pourraient pas vivre. Ce taux de 21% ne change jamais ni pendant la pluie ni dépendant de lieu. Et cela, c'est un grand bienfait. Ne montre-t-il pas l'existence, la puissance et la miséricorde d'Allah le Tout Puissant. De plus, la structure de l'œil reste insignifiante à côté de ce prodige, de cette merveille. Est-il possible que le créateur de tous les codes, des calculs subtils et des formules enseignés dans les cours de science puisse-t-il avoir d'attributs imparfaits?].

En outre, nous voyons aussi ses attributs de perfection chez ses créatures. Il les créa chez ses créatures. Si ces attributs n'existaient pas en Lui, comment pourrait-Il les créer chez elles? Si ces attributs n'existaient pas en Lui, ses créatures seraient alors supérieures à Lui.

En conclusion, il s'agit du fait que le créateur des univers ait tous les attributs de perfection et de supériorité et qu'il n'ait aucun attribut d'imperfection. Car, Khudâ imparfait, ayant la défectuosité ne pourrait jamais être le créateur.

A part ces preuves rationnelles, les ayâts et les hadiths sharif nous révèlent qu'Allahu taâlâ (Le Très-Haut) a en Soi ces attributs de la perfection. Il n'est pas jaiz (autorisé) d'avoir des doutes sur ces attributs de la perfection. Avoir des doutes à ce sujet mène à la mécréance. Ces huit attributs de la perfection cités ci-dessus sont appelés **"Sifât thubûtiyya"**. En bref, Sifât thubûtiyya d'Allahu taâlâ sont de huit. IL a tous les attributs de la perfection. Et il n'y a aucune imperfection, aucun confus et aucune modification en Sa Personne et en Ses actes. Sifât dhâtiyya et Sifât thubûtiyya sont **"Sifât oulûhiyyah"** (Attributs de divinité). Celui qui croit que le créé a en soi l'attribut de divinité devient **"Muchrik"** (associationniste, polythéiste).

– 3 –

LES PILIERS DE L'ISLAM

Avec l'aide d'Allâhu ta'âlâ, Lui qui maintient tout, tous les univers en existence à tout moment, et qui est toujours omniprésent et qui octroie tous les bienfaits et toutes les faveurs, nous allons maintenant commencer à expliquer la parole bénie de notre Prophète bien-aimé "sallallahu alaihi wa sallam".

Omar Ibn Al-Khattab "radiallahu anh" (qu'Allah, Le Très-Haut l'agrée), notre glorieux supérieur, l'imâm courageux des musulmans, l'un des supérieurs d'Ashâb-i kirâm (ou Ashâb al-qirâm), connu de dire toujours la vérité, rapporte:

"C'était un si beau jour, un petit nombre d'Ashâb-i kirâm (compagnons) nous étions en présence et en services de notre maître Rasûlullah "sallallahu alaihi wa sallam". Ce jour-là, cette heure-là, c'était le jour si glorieux, si précieux et extraordinaire. Ce jour-là, il nous était accordé de nous être honorés de nous trouver en compagnie de Rasûlullah, d'écouter sa sohba et de voir son visage béni, ce qui était la nourriture pour les esprits et qui donnait du délice aux âmes. (Omar Ibn Al-Khattab "radiallahu anh" définit la valeur et l'honneur de ce jour-là en disant «C'était un si beau jour ...».) Y a-t-il un temps si glorieux, si précieux comme le jour où avoir eu le bonheur accordé de voir Jabrâîl (Jibrîl; Gabriel) "alaihissalam" sous forme humaine, entendre sa voix et entendre aussi d'une manière douce et claire, de la bouche bénie de Rasûlullah "sallallahu alaihi wa sallam", des acquis dont les serviteurs humains ont besoin?

"Pendant que nous étions, ce jour-là, assis en compagnie de Rasûlullah "sallallahu alaihi wa sallam", apparut soudain et comme la lune montante parmi nous une certaine personne portant des habits d'un blanc éclatant, avec des cheveux très noirs. Aucune trace, aucun signe de voyage comme de la poussière ou de la transpiration ne paraissaient sur lui. Aucun parmi nous, ne le connaissait. Cette personne inconnue s'avança et s'assit près de

Rasûlullah (sallallahu alaihi wa sallam). Elle appuya ses genoux contre ceux de Rasûlullah (sallallahu alaihi wa sallam)". Cette personne-là, c'était l'archange Gabriel (Jibrîl alahissalam). Il y était venu sous forme humaine. Quoique cette posture de Jabraîl alaihissalâm semble être incompatible avec la bienséance, elle est significative; car, il ne faudrait pas d'attitude timide ou de la honte pour l'apprentissage de la science religieuse et le maître ne devrait pas être orgueilleux ou arrogant. L'ange Gabriel (Jabrîl) alaihissalâm formulait et exprimait avec cette attitude aux Ashâb-i kirâm que tout le monde devrait demander librement et sans timidité aux enseignants ce qu'il voulait apprendre de la religion. En effet, il n'y a pas de honte à apprendre sa religion et il n'est pas juste d'agir avec timidité au sujet de s'acquitter le droit d'Allahu taâlâ et de l'apprendre et de l'enseigner.

"Cette personne honorée posa les paumes de ses deux mains sur les genoux bénis de Rasûl-i akram (sallallahu alaihi wa sallam) et dit: **Ô Rasûlullah, informe-moi sur l'Islâm**".

Le sens lexical de **l'Islâm**, c'est la soumission absolue, la résignation et l'obéissance. Rasûlullah (sallallahu alaihi wa sallam) expliqua comme le suivant que le mot Islâm était le nom de cinq piliers de la religion.

Rasûl al-akram (le Messager d'Allah Le Très Haut) "sallallahu alaihi wa sallam" dit: «L'Islâm est fondé sur cinq piliers»;

1– Le premier Pilier, la profession de foi, c'est la prononciation et l'attestation de la formule **"Kalima shahada"** (parole du témoignage, de l'affirmation) qui consiste à dire: «**'Ach-hadu an lâ ilâha illallah wa ach-hadu anna Muhammadan abduhu ve rasûluh**». Toute personne pubère et qui peut parler doit dire et attester absolument par cœur: **"Il n'y a pas de divinité autre qu'Allahu taâlâ; sur la terre ou dans les cieux, dans tout l'univers il n'y a aucun être ou aucune chose digne d'être adoré autre qu'Allah Le Très Haut que c'est devant Lui seul que nous devons nous soumettre; Le vrai dieu n'est qu'Allahu taâlâ"**. Il est wâjib-ul-wujûd (existence nécessaire). Il est le seul possédant tous les pouvoirs, de toutes les supériorités. IL n'a aucune imperfection. Son nom est **"Allah"**. De même, toute personne pubère doit dire et attester absolument par cœur: La sublime personne au visage clair, lumineux, blanc d'un teint rosé semblable à celui d'une rose rouge, aimable et d'une beauté, aux yeux et aux sourcils noirs, au front béni large, et qui était d'une gentillesse et d'une douceur, distingué, de meilleure nature, et qui parlait d'une douceur, et que son ombre ne tombait jamais à terre; un descendant des Hachémites, appelé Arabe parce qu'il est né à la Mecque; **"Cette sublime personne, nommée Muhammad, fils d'Abdullah, est la créature, le serviteur et le Messager d'Allahu taâlâ, c'est-à-dire il est Son Prophète"**. Ce Prophète est le fils de Hazrat Amina binté (fille) de Wahab. Il honora ce monde en étant né à la Mecque [à l'aube de Lundi du 20 Avril en 571]. Quand il fut âgé de quarante ans, à la Mecque, il reçut le message qu'il était le Prophète. Cette année-là est appelée **"l'année Bi'cet"**. Ensuite, pendant treize ans, il appela les habitants de la Mecque à la religion islâmique. Puis il émigra à Médine sur l'ordre d'Allahu ta'âlâ et il répandit l'Islâm partout. Dix ans après, il décéda à Médine en juin 632, le 12 Lundi du mois Rabî'ul avval. [D'après les historiens, pendant l'hijrah (l'émigration) de Rasûlullah de la Mecque à Médine, il entra dans la grotte qui se trouvait à la montagne Sevr vers le soir de 27 jeudi du mois de Safer de l'année 622. Il sortit de la grotte le lundi soir et il mit pied au quartier périphérique appelé Kubâ de la ville de Médine le 7 Septembre du calendrier romain et le 20 Septembre du calendrier européen et le huit Rabî'ul-awwal, lundi. Ce jour heureux fut le premier jour de l'année **"Hijrî solaire"** des musulmans. L'année hijrî solaire des Chiites commence six mois avant de cette date, c'est à dire, le 20 Mars, au jour Nawruz des incrédules zoroastriens. Et le jeudi où le jour et la nuit deviennent égaux, il resta à Kubâ et il partit le vendredi. Le même jour, il arriva à Médine. Le commencement du mois Muharram de cette année-là fut adopté le premier jour de l'année **"Hijrî lunaire"**. Le commencement de cette année lunaire était le seize juillet, vendredi. L'année hijrî solaire où le premier jour d'une année chrétienne tombe, est minus de 622 de cette nouvelle année - là. L'année chrétienne où tombe le commencement d'une année hijrî solaire est plus de 621 de cette nouvelle année solaire.]

2– Le deuxième Pilier de l'Islâm, c'est **"faire la prière rituelle quand l'heure est arrivée"**, cinq fois par jour. Il est fard pour chaque musulman d'observer et de faire les prières de salât à son heure cinq fois par jour et de savoir qu'il les accomplisse à son heure.. Il serait un grand péché de les faire avant l'arrivée de l'heure en suivant les horaires des calendriers inexacts préparés par des ignorants et des hérétiques qui refusent les madhabs, et de plus, ces prières ne seront pas valables. Ces tels calendriers causent l'accomplissement des prières au temps de Karâhat. [Avec l'appel à la prière par le muezzin, on comprend que l'heure de la salât est arrivée; mais les adhans faits par les haut-parleurs, par des instruments sonores, par des appels des mécréants ou d'ahl al bid'a (innovateurs) ne sont pas de l'adhan al-Muhammadî]. Les prières rituelles doivent être exécutées en observant avec attention les règles obligatoires, les wajibs, et "sunnat" en se soumettant du fond de son cœur à Allahu taʿâlâ, et avant que l'heure déterminée ne soit dépassée. Dans le Qur'ân al-karîm, on énonce le mot «salât» pour la prière; le mot salât signifie lexicalement l'imploration, la prière des êtres humains, la demande de pardon des anges et la miséricorde et la clémence d'Allah Le Très-Haut. En Islâm, la **salât** signifie lire et pratiquer ce que proclament les livres d'Ilmihal (catéchisme musulman; manuel d'instruction religieuse). Salât débute en prononçant le **Takbîr de l'iftitâh** (l'entrée dans la prière, le fait de rentrer en consécration); c'est-à-dire, les hommes commencent à la salât en disant Allahu akbar (Allah est le plus Grand), en levant les deux mains à la hauteur des oreilles et en plaçant les deux mains sous le nombril, et les femmes en levant les deux mains à la hauteur des épaules et ensuite en les plaçant sur la poitrine. A la tashahhud, à la dernière position assise, ils terminent la salât en saluant à sa droite puis à sa gauche.

3– Le troisième pilier de l'Islâm, c'est **"verser la zakât de ses biens"**. Le sens lexical de Zakât, c'est la purification, la glorification, l'épuration, la bonification, l'embellissement et rendre beau. En Islâm, la **Zakât** (l'Aumône légale) est en effet une obligation pour tout musulman possédant une richesse minimum **(zakât al-maal)** d'un montant ou d'une quantité appelée Nisâb, l'excédent de ses besoins, réserver un certain montant de ses biens et le donner aux musulmans cités et qualifiés dans le Qur'ân al-karîm sans qu'on leur reproche, ni leur objecter. On donne la zakât à sept groupes d'hommes. La zakât concerne quatre domaines différents selon quatre madhab également. La zakât de l'or et de l'argent, des produits de commerce, des bêtes qui vont au pâturage plus de la moitié de l'année, et des graines provenant de la terre et des plantations. Cette dernière s'appelle également **Oushr**. On verse de l'Oushr (usher) tout de suite de la récolte agricole. On verse les trois autres catégories de zakât quand la valeur atteint la limite de nissâb et quand une année écoulée est passée.

4– Le quatrième pilier de l'Islâm, c'est de **"jeûner pendant le mois de Ramadân"**. Jeûner, c'est appelé **"Sawm"**. Sawm signifie lexicalement "protéger quelque chose contre quelque chose d'autre". En Islâm, sawm signifie s'abstenir de trois actes pendant toutes les journées du mois Ramadân parce qu'Allahu taâlâ l'ordonne: de toute nourriture, de toute boisson et de toute relation sexuelle. Le mois de Ramadân commence par la vue du croissant de la nouvelle lune et le début n'est pas déterminé auparavant par les calendriers ou calculs.

5– Le cinquième pilier de l'Islâm, c'est **"le pèlerinage (hajj) une fois dans la vie pour tout musulman qui a les moyens"**. En fait, c'est une obligation pour toute personne qui a la capacité physique et financière". Mais il faut que le pèlerin soit en sécurité lors de son voyage et il faut également avoir la bonne santé physique. C'est une obligation (fard) pour le musulman lorsqu'il réunit les conditions. C'est lorsque le musulman possède des provisions qui lui suffiront pour son aller et pour son retour et qui est en excédent de celles qui devront aussi suffire pour subvenir aux besoins de sa famille après son départ, et ceci jusqu'à ce qu'il revienne du Hajj. Alors, le musulman qui possède cette capacité doit effectuer l'obligation de hajj une fois dans sa vie en effectuant le Tawâf (la circumambulation) autour de la Maison Sacrée (Ka'ba al mu'azzama à la Mecque) et en se rendant à Arafat.

- **Tu dis vrai ô Rasûlullah!**, dit cette personne-là.

«Nous fûmes pris d'étonnement de le voir, interrogeant le Prophète "sallallahu alaihi wa sallam" (qu'Allah Le Très-Haut prie sur lui et le salue), approuver. Car, interroger voudrait dire demander ce qu'on ne savait pas. Et l'approuver démontre qu'il le savait», rapporte Omar «radiallahu anh».

Le premier et le prééminent de cinq piliers de l'Islâm cités ci-dessus, c'est **la profession de foi** (shahada), proclamer sa formule et l'attester. A la suite de la shahada, c'est faire la prière cinq fois par jour (salât). Puis, c'est jeûner pendant le mois de Ramadan (sawm); puis faire le hajj et finalement c'est donner de l'aumône légale (la zakât). La profession de foi (la chada ou Kalima al-shahâda) est prééminente, la principale prescription, cela ressort clairement par l'accord des savants à ce sujet. Quant au rang de précellence de quatre autres piliers, le rangement de la majorité des savants est comme celui que nous avons exposé ci-dessus. La shahâda est devenu le premier devoir obligatoire dès le début de l'Islâm. Pratiquer ses prières cinq fois par jour est devenu une obligation (fard) la douzième année de bi'ssète et la nuit du "Miraj", une année et quelques mois avant l'Hégire. Le jeûne du Ramadân devint obligatoire la deuxième année de l'Hégire, au mois de Cha'ban. La Zakât est devenue une obligation la même année où le jeûne de Ramadan est devenu obligatoire et pendant le mois de Ramadan. Et le pèlerinage est devenu une obligation la neuvième année de l'Hégire.

Si quelqu'un nie, ne croit pas, refuse ou tourne en ridicule l'une des cinq prescriptions de l'Islâm, ou s'il ne les respecte pas, devient un mécréant, na'udhubillah. De même, celui qui ne croit pas à ce qui est unanimement connu comme halâl (permis) ou haram (défendu), ou celui qui dit halâl pour ce qui est haram ou "défendu" pour ce qui est permis, il devient aussi un mécréant. Quiconque nie, ne croit pas en un seul des prescriptions religieuses islamiques connues comme obligations entendues même par les ignorants vivants dans les pays islamiques devient aussi mécréant.

[Par exemple, c'est harâm (défendu par la religion) de manger du porc, boire des boissons alcoolisées, jouer les jeux d'argent, les femmes et les jeunes filles sortir sans se couvrir les cheveux, les bras et les jambes et les hommes sortir sans se couvrir la partie de leur corps située entre le nombril et les genoux. C'est à dire qu'Allâhu ta'âlâ a interdit tous ceux-ci. Les quatre écoles islamiques (madhabs) qui ont communiqué les commandements et les interdictions d'Allâhu ta'âlâ, ont défini différemment la limite des membres du corps des hommes, interdits de regarder et de montrer aux autres (awrat). Il est fard pour tout musulman de se couvrir la partie awrat de son corps défini par la madhab qu'il suit. Et il est harâm de regarder les autres dont ces parties du corps sont ouvertes. Il est écrit dans le livre intitulé **«Kimya'yi Sa'adat»** [l'alchimie du bonheur] de Imam al-Ghazâlî qu'«il est harâm pour les femmes et les jeunes filles sortir sans se couvrir les cheveux, les bras, les jambes de même qu'il est harâm de sortir habillées d'une manière serrée, fine, ornée, parfumée. Et les parents, époux et frères qui les apprécient, permettent ou approuvent de sortir en ces tenues partagent leurs péchés et châtiments». Cela veut dire qu'ils auront les mêmes supplices et châtiments de l'Enfer. S'ils se repentent, ils seront pardonnés et n'auront pas de supplices. Allah Le Très-Haut aime ceux qui se repentent. Le hijâb, l'ordre d'Allahu taâlâ qui recommande de ne pas se montrer aux hommes étrangers fut un devoir pour toutes les femmes musulmanes pubères la troisième année de l'Hégire. Il ne faut jamais croire aux commentaires des agents britanniques ou des ignorants tombés dans leur piège qui prétendent que les femmes musulmanes n'avaient pas de voile avant la révélation de l'âyat de hijâb mais que les législateurs de fiqh l'ont inventé.

Toute personne musulmane doit savoir si tout ce qu'elle fait n'est pas conforme à l'Islâm. Si elle ne le sait pas, il doit le demander à un savant d'Ahl sunna ou l'apprendre en s'adressant aux livres de ces savants. Elle ne se sauvera pas du péché ou de la mécréance si ce qu'elle fait n'est pas conforme à l'Islâm. Elle doit se repentir dignement tous les jours. Le péché et la mécréance repentis seront certainement pardonnés. Si elle ne se repente pas, elle sera punie dans ce monde et dans l'Enfer. Ces châtiments sont mentionnés dans les différentes parties de ce livre. Un musulman qui a commis de grands péchés sera sorti de l'enfer mais après avoir subi le châtiment du feu proportionnellement aux péchés qu'il a commis. Mais, le mécréant, l'incrédule ou l'impie qui ne croit pas en Allah Le Très-Haut et qui œuvre pour anéantir l'Islâm brûlera éternellement dans le grand feu de l'enfer.

Les parties du corps des hommes et des femmes qu'il faut couvrir dans la prière ou en dehors de la prière, dans n'importe où, sont appelées «awrat». C'est harâm (défendu) d'ouvrir ses parties du corps awrat ou de regarder les parties awrat des autres. Celui qui dit que la awrat n'a pas lieu en Islâm devient un mécréant. Celui qui le méprise ou qui s'en moque ou qui n'a pas peur du châtiment, celui qui dit qu'il est permis d'ouvrir ses parties du corps définies awrat selon les quatre écoles (madhabs) ou de regarder celles des autres devient mécréant. C'est pareil pour les femmes qui ouvrent ses parties awrat et qui chantent devant les hommes et qui y récitent chantée de mawlid (maouloud). Selon l'école Hanafite, la partie du corps des hommes située entre les aines et les genoux n'est pas awrat.

Celui qui dit qu'il est musulman doit apprendre les fondements de l'Islâm et de la foi, l'ijma (consensus) de quatre écoles (madhabs), c'est-à-dire, les obligations et les interdits et il doit y attacher toujours une grande importance. Ignorer n'est pas une excuse. Autrement dit, c'est comme savoir mais ne pas y croire. Les parties du corps des femmes en dehors du visage et des mains sont awrat aussi dans quatre écoles. Une femme qui ne couvre pas négligemment une partie de son corps qui n'est pas awrat selon l'ijma, c'est-à-dire, selon l'une de trois autres écoles, quoiqu'elle ne soit pas mécréante, elle commet un grand péché selon sa propre madhab. C'est pareil pour les hommes qui ne cachent pas la partie du corps située entre les aines et les genoux, c'est-à-dire la cuisse. Il est une obligation d'apprendre ce qu'on ignore. Il doit se repentir et se couvrir dès qu'il l'apprend.

D'autre part, ce sont aussi tous des péchés: mentir, médire de quelqu'un ou quelqu'une, calomnier, voler, tricher, frauder, offenser les gens, semer la discorde, user des biens des gens sans leur permission, ne pas payer les ouvriers, gaspiller les salaires, se révolter contre l'Etat, désobéir aux lois, aux ordres du gouvernement, refuser de payer l'impôt. C'est aussi interdit (harâm) de les commettre contre les non-musulmans et dans les pays non-musulmans. Ce n'est pas de la mécréance si les ignorants ignorent les choses qui ne sont pas indispensables ou connues autant qu'ils ignorent; cela serait du fisq, un péché] Lire la fin du livre!

– 4 –

LES FONDEMENTS DE LA FOI

Cette personne-là demanda de nouveau: **"– Ô Rasûlullah!** "Sallallahu taâlâ 'alayhi wa sallam"; **informe-moi au sujet de la foi** (iman; imane). A la suite des interrogations et des répliques sur l'Islâm, Jabrail "alayhissalâm" demanda de notre maître Rasulullah "sallahu 'alayhi wa sallam" d'expliquer l'essence et la vérité de la foi. La définition lexicologique de la foi est la confiance assurée en quelqu'un, dans son témoignage et croire que cette personne se comporte loyalement. Et la foi en Islâm constitue l'attestation et la profession que Rasûl-i akram «sallallahu alayhi wa sallam» est le Prophète d'Allah Le Très-Haut et Son Messager, Son Nabî, et la croyance brièvement à ceux qu'il a transmis brièvement et la croyance minutieusement qu'il a transmis en détail des révélations d'Allahu taâlâ, et faire son shahada (profession de foi) tant qu'il peut. Une foi forte est la croyance de tout son cœur à la grandeur d'Allahu taâlâ et à Ses attributs, et courir pour avoir Son consentement (redâ) et Sa beauté, Sa grâce (jamâl) et éviter Son châtiment et Sa fureur et écrire solidement cette croyance dans le cœur comme une inscription dans le marbre, de manière qu'on croit certainement et qu'on évite que le feu brûle et que le serpent venimeux tue.

La foi et l'islâm expliqués par Muhammad alaihissalâm sont identiques. Tous les deux concernent la croyance à la signification du kalima chahada (profession de foi). Quoiqu'ils aient des sens lexicaux différents et qu'il y existe des différences spéciales ou générales, il n'y a pas de différence entre eux en ce qui concerne l'Islâm.

La foi est-elle une chose simple ou composée ou une combinaison de plusieurs paramètres? Si elle est composée, elle a combien de parties? Les actes (a'mal), les pratiques des prières ne font-ils pas partie intégrante de la foi? Est-ce jaiz (permis) de dire «j'ai la foi inch'Allah (si Allah le veut)»? Y a-t-il l'infériorité ou la supériorité en foi? La foi est-elle une créature? Avoir la foi dépend-il de la volonté humaine? Ou bien, les croyants ont-ils eu la foi par force? S'il y a un forcement en foi, pourquoi alors on a ordonné à tout le monde d'avoir la foi? Cela serait trop long d'expliquer ici chacune de ces questions. C'est la raison pour laquelle, je ne vais pas essayer de les répondre séparément. Simplement, on pourrait dire que selon l'école Ach'arî et la secte Moutazilite, il n'est pas jâiz (probable) qu'Allah Le Très-Haut commande de faire une chose qui n'est pas possible. Et selon la Moutazilite, bien qu'IL soit possible, il n'est pas probable qu'IL commande de faire ceux que les gens ne sont pas capables de faire. Et, selon Ach'arî, ce commandement d'Allah Le Très-Haut est jâiz (possible), mais IL ne l'a pas ordonné. C'est pareil, le commandement aux humains de s'envoler. En ce qui concerne la foi, les prières et les actes, Allahu taâlâ n'a pas commandé aux serviteurs de faire ceux qu'ils ne pouvaient pas faire. Pareillement, quiconque devient fou, imprévoyant, dort ou meurt alors qu'il est musulman, continuerait d'être musulman quand bien même qu'il n'aurait pas une reconnaissance verbale ou une confirmation de cœur dans cet état.

Nous ne devrions pas concevoir le sens lexical du mot «la foi» en ce qui concerne l'explication et la définition de la foi dans ce hadith charif. Comme le sens lexical de la foi est l'attestation et la conviction, il n'y avait personne parmi les ignorants arabes qui ne connaissait cette signification. Puisque tout le monde connaissait ce sens lexical, alors, Ashâb al-kirâm (Sahaba, Compagnons; radiallahu taâlâ anhum ajma'în) aussi le connaissait certainement. Jabrâîl alayhissalâm voulait enseigner le sens de la foi à Ashâb al-kirâm. C'est pourquoi, il demandait à Rasûlullah "sallallahu 'alayhi wa sallam" de l'informer en quoi on avait la foi en Islâm. La foi (iman) consiste à la croyance intime, dans le cœur avec certitude à six certitudes et les professer, attester par la langue; on pourrait avoir la foi en ces six fondements par un acte de l'intelligence, par un argument, par le discernement, par la volonté ou la conscience, ou par la conviction, la soumission et la confiance assurée en un propos ou une sentence approuvés ou discernés. Rasûlullah "sallallahu 'alayhi wa sallam" dit comme le suivant que la foi (l'imân) est de croire en six articles:

1 – Le premier de six piliers de la foi, c'est avoir la croyance qu'Allah Le Très-Haut est wâjib-ul-wujud (Existence nécessaire) et qu'IL est le vrai Dieu et qu'IL est le Créateur de tous les êtres. Il faut définitivement croire que ce n'est qu'Allah Le Très-Haut

qui crée d'une manière immatérielle et atemporelle et d'une façon incomparable tout ce qui existe dans l'univers, dans le monde et dans l'autre monde lors que tout était dans la non-existence. [C'est Lui seul qui crée toutes les substances, les matières, les atomes, les molécules, les éléments, les composés, les corps organiques, les cellules, la vie, la mort, tous les événements, toutes les réactions, toutes sortes d'effets, des forces, d'énergie, les mouvements, les lois, les âmes, les esprits, les anges, tout ce qui est animé ou inanimé, tout ce qui est du macrocosme et du microcosme; c'est Lui seul qui crée tout à partir de néant, de non-existence et qui les maintient à tout instant en existence] De même qu'IL a créé tout ce qui existe dans les univers, dans le macrocosme, [IL a créé tout en un moment, lorsque rien n'existait], de même (IL les recrée toujours les uns des autres; et quand le jour du Jugement Dernier viendra, en un moment] IL anéantira tout. IL est le créateur, le possesseur, le maître absolu de tous les êtres. Il faut en croire qu'IL n'a ni maître, ni supérieur et que rien ne Le domine. Toutes les formes de supériorité, tous les attributs de la perfection appartiennent à Lui seul. Toute supériorité est à Lui, tout attribut de perfection est à Lui. IL n'a aucun attribut d'imperfection, aucune défectuosité. IL a le pouvoir de faire tout ce qu'IL voulait faire. IL ne crée pas pour l'intérêt de Lui-même ou des les autres; IL ne crée pas pour un intérêt ou une compensation. Cependant, il existe des sagesses, des utilités, des faveurs, des gloires et des excellences en ce qui concerne tout ce qu'IL crée, tout ce qu'IL fait.

IL n'est pas obligé de donner ce qui est bon et utile à Ses serviteurs humains, de la récompense aux uns ou du châtiment aux autres. S'IL faisait entrer tous les pécheurs au Paradis, cela serait à Sa supériorité et à Sa grâce. Et s'IL envoyait en Enfer tous ceux qui Lui obéissent et L'adorent, cela serait à Sa justice. IL a cependant voulu et révélé qu'IL ferait entrer les musulmans et ceux qui L'adoraient au Paradis et qu'IL leur accorderait des faveurs et des bienfaits infinis alors qu'IL torturerait éternellement les mécréants en Enfer. IL ne revient jamais sur Sa parole. Si tous les êtres vivants avaient la foi en Lui et s'Ils Lui obéissaient, cela ne Lui donnerait aucun profit. Ou bien, si tout l'univers devenait mécréant, révolté, impétueux, furieux, désobéissant ou opposant à Lui, cela ne Lui donnerait aucune nocivité. Quand le serviteur humain veut faire quelque chose, IL la crée s'IL le veut aussi. Rien ne peut agir s'IL ne veut non plus, s'IL ne le crée pas. Personne ne peut être mécréant, incrédule ou révoltée en dehors de Sa volonté. Quand bien même qu'IL crée l'incrédulité et les péchés, IL n'en a jamais la satisfaction. Personne ne peut intervenir dans Sa volonté, Ses créations. Personne n'a le droit, ni le pouvoir de demander pourquoi IL a crée comme ci ou IL a fait comme ça ou IL devrait créer autrement. S'IL le veut, IL pardonne celui qui est mort sans la conversion (se repentir) après avoir commis un péché majeur sauf l'associationnisme (shirk ou chirk) et la mécréance (kufr). Et s'IL le veut, IL châtiera pour un péché mineur. IL révèle définitivement qu'IL ne pardonnera jamais et qu'IL châtiera éternellement ceux qui meurent dans l'état de la mécréance et de l'apostat (murtad).

Même s'IL révèle qu'IL châtiera dans l'Enfer le musulman pratiquant **(Ahl-al qibla)** mais dont la croyance n'est pas concordante avec celle d'Ahl sunna ou qui meurt sans se repentir, ces pareils **«gens de la Bid'ah»** (innovation en Islâm; égarement) n'y resteront pas éternellement.

Il est licite (jâiz) de voir Allahu taâlâ avec la vision réelle en ce monde. Mais personne n'a jamais pu Le voir. A la résurrection, sur le lieu du rassemblement (Mahshar), les mécréants et les croyants pécheurs Le verront avec Son attribut Contraignant, le Dominateur absolu et l'Oppresseur (qahhâr) et Majestueux (jalâl); les croyants justes et pieux Le verront avec Son attribut Douceur et Beauté. Au Paradis, les croyants Le verront avec Son attribut Bienveillant. Les anges et les femmes aussi Le verront, mais les mécréants en seront privés. Plusieurs rapports sérieux indiquent que les Djinns y compris en seront privés. Selon la majorité des savants, "les bons croyants auront l'honneur de voir chaque matin et chaque soir la «tajalli al-jamal» et «ru'yat» (théophanie; manifestation de la Beauté divine et Sa vision réelle). Les fidèles inférieurs Le verront tous les vendredis; et les femmes quelques fois par an comme aux jours de fête de la vie mondaine".

[Hadrat Cheikh Abd al-Haq al Dahlavî *(rahmatullâhi ta'âlâ 'alaih)*[1] écrit comme le suivant dans son livre en persan intitulé **"Takmîl-ul-îmân"**: "Dans un hadith sharif, il est dit: **"Vous verrez votre Seigneur** [de vos yeux] **au jour du Jugement tout comme vous voyez la lune à son plein quartier"**. De même qu'on pouvait connaître Allâh Le Très-Haut sans concevoir dans ce monde, on

---

[1] Abd-al Haq al-Dahlavî est décédé en 1052 de l'Hégire [en 1642] à Delhi.

Le verra dans l'autre monde d'une manière inconcevable. Les grands savants comme Abul Hasan al-Ash'ari, Imâm al-Suyutî et Imâm al-Bayhaqî ont rapporté que les anges aussi verraient Allâh Le Très-Haut au Paradis. Imâm a'zam Abu Hanifa et les autres savants ont rapporté que les génies (djinns) ne seraient pas récompensés et n'iraient pas au Paradis, mais seulement les fidèles et croyants parmi eux échapperaient à L'Enfer. Les femmes verront Allâhu ta'âlâ, quelques fois par an, comme aux fêtes terrestres. Les bons croyants Le verront chaque matin et chaque soir; les autres fidèles Le verront tous les vendredis. A l'avis de ce fakîr (pauvre), cette bonne nouvelle comprend aussi les fidèles femmes, les anges et les génies. Il serait convenable d'excepter les femmes parfaites et sages comme Fâtıma-t-uz-zahrâ et Khadîja-t-al-Koubrâ et Aisha-al sıddîka et autres azwaj al-tahirat (épouses pures et pieuses), et Hadrate Marie et Hadrate Asiya *(radiallahu taâlâ anhunna ajma'în)*. Imâm al-Suyutî indiquait cela].

On doit croire qu'on verra Allâh Le Très-Haut, cependant il faut ne pas chercher à savoir comment cela arrivera. Car, les œuvres d'Allâh Le Très-Haut ne sont pas concevables par l'intelligence. Elles ne sont pas comme les affaires d'ici bas. [On ne peut pas les évaluer avec les sciences physiques ou chimiques]. Allahu taâlâ est sans endroit, sans direction; IL ne se tient pas en face de quelque chose. Allâh Le Très-Haut n'est pas de matière. IL n'est pas un corps simple non plus. [IL n'est pas un élément. IL n'est pas une composition, une matière composée non plus]. IL n'est pas limité. IL est exempt des dimensions, des quantités, des formes, des volumes, etc. Il n'arrive aucun changement, aucune transformation en Lui. IL n'est pas concerné par les endroits, les limites, les directions et le temps. IL est de toute éternité. Son existence n'a ni début, ni fin, ni dessous, ni dessus, ni avant, ni arrière, ni surface, ni gauche, ni droite. C'est la raison pour laquelle l'intelligence, la connaissance et l'imagination humaine sont incapables de la conception et de la compréhension que l'on peut avoir d'Allah Le Très-Haut. Elles ne peuvent concevoir non plus comment on Le verra. L'existence ou l'usage des mots comme la main, le pied, la direction, l'endroit, le trône, etc. dans les âyat al-karîma (versets) et hadiths al-sharîf, desquels le sens n'est pas jaiz pour Allahu taâlâ (qui ne convient pas à Allah Le Très-Haut), ne contiennent pas les sens actuels que nous utilisons ou nous connaissons. Ces pareils âyat al-karîma (versets du Qur'ân al-karîm) ou hadiths al-sharif qui peuvent prêter à des interprétations diverses sont appelés **«Mutachâbihât»** (versets ambigus). Il faut croire dans leur signification, leur désignation mais il ne faut pas s'occuper de raisonner sur leur «quoi» ou «comment». Ou bien, on fait l'interprétation (ta'wil) brève ou en détail de ces contextes. En d'autres termes, on les décrit avec d'autres sens (ma'nâ) qui conviennent à Allah Le Très-Haut. Par exemple, on peut désigner le mot "la main" par le mot la puissance, ou le pouvoir ou l'énergie.

Pendant le Mi'râj (ascension), Muhammad alaihissalâm a vu Allâhu ta'âlâ, mais cette vision n'était pas comme voir avec les yeux dans ce monde. Si quelqu'un disait qu'il avait vu Allah dans le monde, on comprendrait qu'il était zindik (hérétique, renégat, impie). La vision de l'awliyâ "qaddasallahu taâlâ asrârahum ajma'în" n'est pas comme celle dans le monde (ce qui concerne la vision physique) ou celle dans l'autre monde. En d'autres termes, ce n'est pas **«Ru'yat»** (la vision du Créateur); mais chez eux, il arrive une contemplation **(Shuhûd)**. [C'est-à-dire, ils voient avec les yeux du cœur, avec les yeux de l'esprit (par la perception sprituelle) la "mithâl" (représentation) de la Vérité]. Quoique les uns de l'Awliyâ ul-kirâm aient dit qu'ils ont eu la vision vraie d'Allah Le Très-Haut, ils avaient fait erreur de croire que leur shuhûd c'était le ru'yat lors de leur inconscience ou état d'extase et d'ivresse (sakr) en Allah Le Tout Puissant. Ou bien, leur parole était de la métaphore par la voie d'interprétation (ta'wil).

Question: Puisqu'on a cité ci-dessus qu'il était jâiz de voir physiquement Allâhu ta'âlâ en ce monde, pourquoi alors il devient un impie, celui qui effectue un fait jâiz? Peut-on appeler jâiz (possible) un fait alors que celui qui dit qu'il l'effectue, le vit, deviendrait un impie?

Réponse: Dans le dictionnaire, le mot jâiz signifie un acte ou quelque chose possible, permis, autorisé, probable, convenable, licite, admissible, réalisable ou faisable qu'ils soient réalisés ou non. Mais selon l'école Ach'arî[1], la possibilité (jâiz) de la vision (ru'yat) signifie qu'Allah Le Très-Haut est capable de créer une différente faculté de voir en dehors des lois physiques qu'IL a créées pour voir, en dehors de la manière de voir d'en face ou de tout près dans ce monde. Par exemple, IL est capable et jâiz (possible) de faire voir un moustique vivant en Andalousie à un aveugle qui vit en Chine; ou bien, quelque chose existante dans la

---

[1] [Abul'hasen Alî bin Ismâîl Ach'arî est décédé en 330 de l'Hégire [en 941] à Baghdat.]

lune ou dans une étoile à un homme dans le monde. Un tel pouvoir est particulier à Allah Le Très-Haut. En outre, il n'est jamais convenable de dire que «j'ai vu physiquement le Créateur dans ce monde» ou «celui-là L'a vu [de ses yeux] dans ce monde»; d'ailleurs, c'est absolument incompatible avec l'âyat karima (verset Coranique) et le consensus de l'ulamâ (ulemâ; des savants). C'est la raison pour laquelle, celui qui le dit, c'est un hérétique ou renégat (**Mulhid** ou **Zindik**). Troisièmement, la phrase qu'«il est possible (jâiz) de Le voir (ru'yat) dans ce monde» ne signifie pas qu'«il est possible de Le voir sur la Terre selon les lois physiques». Cependant celui qui dit qu'il L'a vu veut dire qu'il L'a vu comme il voyait les autres choses. Et cette vision n'est pas jâiz (possible). C'est pourquoi quelqu'un qui dit des paroles qui engendrent la mécréance est appelé un mulhid ou zindik (hérétique ou renégat). [Après ces réponses, Hadrat Mawlânâ Khâlid dit "soyez attentifs". Ainsi fait-il remarquer que la seconde réponse est plus correcte. **L'"Hérétique"** ou le **"Renégat"** se croient musulmans. **L'"Hérétique"** (mulhid) se croit sincèrement musulman et qu'il se trouve sur le droit chemin. Mais le **"Renégat"** (zindik) est l'ennemi de l'Islâm. Il passe pour musulman pour détruire l'Islâm de l'intérieur et abuser les musulmans].

On ne peut pas penser que le temps s'écoule, le jour et la nuit passent sur Allah Le Très-Haut. Comme il n'y a aucun changement à aucun égard en Allâhu ta'âlâ, on ne peut pas dire qu'IL était de cette manière-là dans le passé et qu'IL sera de cette manière-ci dans l'avenir. Allah Le Très-Haut n'a aucune inhérence, ni union avec quelque chose. IL ne s'unit avec rien. [La secte **"Nusayri"**, un groupe extrême des Chiites, devient incrédule parce qu'elle croit à l'inhérence d'Allah Le Très-Haut en Hadrat Alî]. Allâhu ta'âlâ n'a jamais ni contraire, ni opposé, ni semblable, ni associé, ni assistant, ni conseiller, ni protecteur. IL n'a ni père, ni mère, ni fils, ni fille, ni épouse. Il n'y a rien qui Lui ressemble. IL est présent partout et en tout temps et avec tout le monde et avec toute chose. IL est omniprésent, IL embrasse tout (al-muhît). IL est plus près de chacun de Ses serviteurs que sa veine jugulaire. Mais cette présence, cette omniprésence ou cette existence n'est pas comme celle que nous concevons. La science des savants, l'intelligence des scientifiques et le dévoilement et la contemplation (kashf et shuhud) de l'awliyâ "qaddasallahu taâlâ asrârahum ajma'în" sont incapable pour pouvoir comprendre Sa présence, Sa proximité. L'essence, la vérité de cette présence, de cette existence sont incompréhensible pour l'intelligence humaine.

Allah Le Très-Haut est Unique en Sa Personne, en Son Être (dhât) et en Ses attributs. Il n'y arrive aucun changement, aucune métamorphose. Tafakkarû fî âlâillâhi wa lâ tafakkarû fî dhâtillâhi. Lire 46 ème lettre du premier tome!

Les noms d'Allâhu ta'âlâ sont **"Tawqîfî"** (révélé, donné par Allah Le Très-Haut Lui-même). C'est à dire qu'il est jâiz (permis, possible) de mentionner les qualificatifs que l'Islâm estime Lui convenir et qu'il n'est pas jâiz de dire les autres. [Par exemple, Allâhu ta'âlâ peut être appelé Âlim (omniscient), mais on ne peut pas L'appeler "Fakîh" signifiant aussi savant. Car, l'Islâm ne L'a pas qualifié "Fakîh". Pareillement, il n'est pas jâiz (permis, convenable) de dire dieu au lieu de nom d'Allah; car, le mot dieu signifie aussi divinité, adorable, divin, déesse, dieux, esprit, ciel et idole. Par exemple, on dit que la vache est le symbole Dieu des Hindous. Mais, on peut dire "Lui, Unique, il n'y a d'autre Dieu qu'Allah". On peut utiliser aussi des mots Dieu (en français), Gott (en allemand), God (en anglais) au sens de divinité, divin, adorable, mais jamais pour le nom d'Allah].

Les Noms d'Allâhu ta'âlâ sont infinis. On sait qu'IL a mille et un Noms. C'est à dire qu'IL en a révélé mille et un aux serviteurs humains. Ses noms révélés dans la religion de Muhammad alaihissalâm sont en quatre vingt dix neuf. Ils sont appelés **"Asmâ al-husnâ"** (Noms divins).

Allahu taâlâ a six Attributs de l'Essence **(Sifât dhâtiyya)**. [Nous les avions cités dans les pages précédentes]. La classification des attributs de Perfection (Sifât thubûtiyya) sont en huit selon l'école **"Mâturidiyya"** et en sept selon l'école **"Ach'ariyya"**. Ces Attributs d'Allah Le Très-Haut aussi sont de toute éternité comme Son Essence. Ils sont pré-éternels et post-éternels; ils sont infinis et sanctifiés. Ils ne sont pas comme les attributs des créatures. Ils ne peuvent pas être compris par le raisonnement, par l'intelligence ou l'opinion ou par l'analogie. Allâhu ta'âlâ a pourvu les êtres humains d'un exemple de chacun de Ses attributs. Les attributs d'Allâhu ta'âlâ peuvent être un petit peu compris en les voyant. D'ailleurs, comme les êtres humains ne peuvent pas comprendre Allâhu ta'âlâ, il n'est pas jâiz d'essayer de comprendre Allâhu ta'âlâ, de raisonner sur Lui. Les huits attributs d'Allâhu ta'âlâ ne sont ni identiques ni opposés de Son Être ou de Son Essence (dhât). Autrement dit, Ses Attributs ne sont pas Lui-même, mais Ils ne sont pas non plus extérieurs à Son Être. Ces huit Attributs sont:

Hayat (la vie), **İlm** (l'omniscience), **Sem'** (l'ouie), **Basar** (la vue), **Qudra** (l'omnipotence), **Kalâm** (la parole), **Irâda** (la volonté) et **Takwîn** (faire exister, faire entrer les choses en existence). Selon la madhab Ash'ariyya, l'attribut Takwîn et l'attribut Quadra constituent le même Attribut; et Mashiyya et Irâda (la volonté) sont synonymes.

Chacun des huit attributs d'Allâhu ta'âlâ existe d'une manière unique, uniforme, identique et non composé. Aucun d'eux ne change et aucune modification n'y survient. Mais chacun d'eux qui se rapportent aux créatures peut être multiple en qualité relative aux créatures. Si l'un des Ses attributs concernent les créatures et s'il a plusieurs effets sous le rapport de cette relation, ce rapport ne porte pas préjudice au caractère unique de cet attribut. Pareillement, de même qu'Allah Le Très-Haut a créé ces nombreuses espèces de créatures, de même IL les protège à tout moment de l'anéantissement. De toute façon, Lui, IL est unique. Aucun changement, aucune modification n'arrive en Lui. A tout moment et à tous les égards, chaque créature a besoin de Lui. Mais Lui, IL n'a besoin de personne, de rien.

2– Le deuxième pilier de la foi, c'est **«croire en Ses Anges»**. Ange (melek en turc, malak en arabe) veut dire envoyé, messager ou puissance. Les anges sont des corps. Mais ils sont gracieux, purs, plus éthérés que l'état gazeux. Ils sont lumineux, spirituels. Car, ils sont créés de lumière (nour). Ils sont vivants. Ils sont raisonnables, intelligents. Les maux spécifiques aux hommes n'existent pas chez les anges. Ils peuvent prendre toutes les formes. De même que les gaz qui prennent la forme ou la phase liquide et solide prennent une forme quand ils sont en état solide, de même les anges peuvent prendre de belles formes. Les anges ne sont pas d'âmes ou d'esprits séparés de grands hommes. Les chrétiens supposent que les anges sont pareils à des esprits. Ils ne sont pas immatériels comme l'énergie et la puissance. Quelques uns des anciens philosophes les supposaient ainsi immatériels. Tous les anges sont appelés **"Malâika"**. Les anges furent créés les premiers parmi tous les vivants. C'est la raison pour laquelle, il est commandé de croire en eux avant de croire en livres sacrés. Et le rang des Livres est avant les Prophètes. C'est dans cet ordre que le Qur'ân al-karîm énumère à ce que l'on doit croire.

«C'est de cette manière qu'on doit avoir la foi en les anges: Les anges sont les créatures et les serviteurs d'Allâhu ta'âlâ. Ils ne sont pas Ses associés. Ils ne sont pas Ses filles. Les mécréants et les associateurs, polythéistes (kafir et mushrik) ont cru ainsi. Allâhu ta'âlâ aime tous les anges. Ils obéissent aux ordres d'Allah Le Très-Haut. Ils ne commettent pas de péchés. Ils ne se révoltent pas contre les commandements d'Allah Le Très-Haut. Tout ange est asexué, par conséquent Ils ne sont ni mâle, ni femelle. Ils ne s'accouplent pas, ils ne se marient pas. Ils n'ont jamais d'enfants. Ils ont la vie; ils sont vivants. Quoiqu'un rapport d'Abdullah ibn Mas'ûd (radiallahu anh) indique qu'une partie des anges ont des enfants et qu'Iblîs (Satan) et djinns en sont nés, la réponse à ce sujet est écrite d'une manière détaillée dans des livres. Quand Allâhu ta'âlâ a révélé qu'IL créerait les êtres humains, alors les anges ont demandé: "O Seigneur, allez vous créer les créatures qui corromprent le monde et qui verseront du sang?" De telles questions appelées **"Dhalla"** des anges ne portent pas préjudice au fait que les anges sont innocents.

De toutes les créatures, les anges sont les plus nombreux. Leur nombre n'est connu qu'Allah Le Très-Haut. Il n'y a pas de place vide dans les cieux où les anges ne soient pas en adoration. Tout l'espace, les cieux sont pleins d'anges qui sont en rukû' (inclination) ou en sajda (prosternation). Les anges exercent des fonctions, ils ont des rôles et de devoirs dans les cieux, sur la terre, dans l'herbe, sur les étoiles, dans les êtres vivants, dans les êtres inanimées, dans les gouttes de pluie, dans les feuilles des arbres, dans chaque molécule, dans chaque atome, dans chaque réaction, dans chaque mouvement et en tout. Ils exercent les ordres d'Allâhu ta'âlâ en tout lieu. Ils sont des intermédiaires entre Allâh Le Très-Haut et Ses créatures. Certains anges sont les supérieurs des autres. Certains de ceux-ci transmettent des messages aux prophètes. Certains apportent de bonnes idées ou des pensées ou des sentiments généreux au cœur humain; cela s'appelle l'**"inspiration"**. Certains ignorent les êtres humains et toutes les créatures. Ils sont extasiés devant la beauté d'Allâh Le Très-Haut. Chaque ange a une certaine place qu'il ne quitte pas. Certains ont deux ailes et certains quatre ou plus. [De même que les ailes d'un oiseau et celles d'un avion sont partie intégrante de leur propre structure et ne se ressemblent pas, de même les ailes des anges sont partie intégrante de leur propre structure. Quand l'homme entend le nom d'une chose qu'il ne connaît pas ou qu'il n'a pas vue, il établit une ressemblance et il pense qu'il s'agit de la même chose qu'il connaît; et il se leurre ainsi, il tombe dans l'erreur. Les anges ont des ailes; nous y croyons vraiment, mais nous ne savons pas comment elles sont. Toutes les figures, images et icônes des femmes ailées dans les églises, publications et films représentées comme anges sont toutes fabuleuses, apocryphes, imaginaires, irréelles et simulacres. Les musulmans ne dessinent pas de telles images. On ne doit pas prendre ces images affabulées pour réelle et on ne doit pas se laisser duper par les ennemis]. Les anges appartenant au Paradis sont au Paradis. Le nom de leur superviseur est **"Ridwân"** (ou Redouane, Radwane). Les anges de l'Enfer sont appelés **"Zabânî"** (ou Dhâbanî). Ils sont chargés en enfer de faire ce qu'on est ordonné. Comme la mer n'est pas nocive pour les poissons, le feu de l'enfer ne leur fait pas mal. Les plus importants "Zabani" de l'enfer sont de dix-neuf anges gardiens. Le supérieur de ceux-ci est **"Mâlik"**.

Les anges qui sont chargés d'enregistrer, d'écrire tous les actes de tous les gens sont nommés **"Kirâman Kâtibîn"** (anges scribes) ou **"anges Hafazah"**. Le nombre de ces anges est de quatre dont les deux viennent la nuit, les deux autres pendant la journée. Il est dit aussi que les anges hafazah sont différents des anges kirâman kâtibîn. L'ange du côté droit de l'homme est supérieur à celui de gauche et enregistre les bons actes et les prières. Celui du côté gauche note les mauvais actes de l'homme. Il y a aussi des anges qui châtient et interrogent les mécréants et les musulmans désobéissants dans la tombe. Les anges interrogateurs sont nommés **"Munkar** et **Nakîr"**. Les anges qui interrogent les croyants (mu'min) sont nommés **"Mubashshir"** et **"Bashîr"**.

Les anges ont de la supériorité sur les uns les autres. Allahu ta'âlâ les a hiéararchisés. Le nombre des plus gradés, autrement dit, des anges supérieurs (archanges) est de quatre: le premier Archange est Hadrat **Jabrâil** (Gabriel ou Jibrîl ou Djibrîl) *"alaihisalâm"*. Il est chargé de transmettre le **Wahy** (révélation) aux Prophètes, aux Messagers et de rapporter les commandements et les prohibitions. Le second est Hadrat **İsrâfîl** *"alaihissalâm"*, chargé de souffler dans la trombe appelée **"Sûr"** (le jour du jugement dernier). Il soufflera deux fois dans la trombe (Sûr). Au premier souffle, tous les vivants mourront sauf Allâhu ta'âlâ. Au deuxième souffle, ils ressusciteront tous. Le troisième Archange, c'est Hadrat **Mîkâîl** (Michael ou Michel) *"alaihissalâm"*. Il est chargé du ravitaillement de la terre en eau, en nourriture, en végétation, de faire évoluer le monde, d'organiser le bon marché, le coût de la vie, la pénurie et l'abondance [de faire l'évolution économique, de faire évoluer la prospérité et le bien-être] et de mettre la matière en mouvement. Le quatrième Archange est Hadrat **Azrâîl** *"alaihissalâm"*. Il est chargé de recueillir l'ame des êtres humains, en d'autres termes, d'ôter la vie des êtres humains.

[En persan, le souffle vital (jân) est équivalent du mot "âme" (ruh)]. Hormis ces quatre Archanges, il en existe aussi quatre groupes gradés: le nombre des anges nommés **"Hamalat al-Arsh"** (du Trône) est de quatre. Ils seront huit à la Résurrection. Les anges de la Présence Divine sont nommés **"Moukarrabûn"** (les Rapprochés); et les Anges du supplice sont nommés **"Karûbiyûn"**; et les Anges de la miséricorde sont nommés **"Rûhâniyûn"**. Tous ceux-ci sont les plus gradés des anges. Ils sont plus élevés que tous les êtres humains excepté les Prophètes *"'alaihimu 's-salawâtu wa 't-taslîmât"*. Sulahâ (pieux) et awliyâ des musulmans sont supérieurs que les anges inférieurs. Et les anges inférieurs, autrement dit le commun des anges sont supérieurs que le commun des musulmans, c'est-à-dire, que les musulmans désobéissants et pervers.

Quant aux mécréants, ils sont plus bas que toutes les créatures. Au premier souffle dans la trombe du jour du jugement dernier, tous les anges excepté les quatre Archanges et anges du Trône seront anéantis. Ensuite, les anges du Trône et les quatre Archanges seront anéantis. Mais, ceux-ci ressusciteront avant le deuxième souffle dans trombe. Et au second souffle dans la trombe, tout d'abord, tous les anges ressusciteront. Par conséquent, comme ces anges sont créés avant tous les vivants, ils seront anéantis après eux.

3– Le troisième pilier de la foi (imân), c'est de **croire en Ses Livres révélés**; Allâhu ta'âlâ a révélé ces Livres divins à Ses Prophètes par l'intermédiaire de l'ange, à travers les soufflements à l'oreille aux uns ou à travers les tablettes aux autres ou en faisant ouïr directement aux autres, sans l'intermédiaire de l'ange. Tous ces Livres sont de la Parole (kalâm) d'Allah Le Très-Haut. Ils sont de toute éternité, ils sont prééternels et post-éternels. Ils ne sont pas de créatures. Ils ne sont pas les dits, les paroles propres aux Prophètes ou aux anges. La parole d'Allah Le Très-Haut n'est pas comme le langage que nous imaginons, nous utilisons, nous écrivons ou nous disons. En d'autres termes, ce n'est pas de langage verbal, écrit ou gardé dans la mémoire. Cette Parole n'a pas de lettres, n'a pas de sons. L'être humain ne peut pas saisir, ni comprendre comment est Allah Le Très-Haut, ni Ses attributs. Cependant, les êtres humains peuvent lire, garder en mémoire et écrire cette Parole. Elle devient hadith (contingence) quand elle avec nous. Car, la Parole d'Allah Le Très-Haut a deux aspects: elle est créature (mahlûq) et hadith (contingente) quand elle est avec les être humains; elle est prééternel et immuable (qadîm) quand elle est considérée comme la parole d'Allah Le Très-Haut.

Tous les Livres révélés par Allâhu ta'âlâ sont vrais et corrects. Il n'y a jamais de mensonges et d'erreur. Bien qu'on dise qu'il est jâiz (possible) qu'IL pardonne alors qu'IL disait qu'IL punirait et qu'IL châtierait, cela dépend de Sa Volonté ou des conditions que nous ne connaissons pas. Ou bien, cela signifiait qu'IL pardonne le châtiment que méritait le croyant. Ce n'est pas un mensonge s'IL pardonne, parce que la parole qui rapporte la punition ou le châtiment n'est pas une communication à faire. Quoiqu'il ne soit pas jâiz (possible) qu'IL n'accorde pas de récompenses promises, il est jâiz (possible) qu'IL pardonne. Le raisonnement et les âyat al-karîma (versets) le démontrent ainsi.

Il faut interpréter les âyat al-karîma et hadith al-sharîf en leur sens littéral s'il n'y a pas un inconvénient. Il n'est pas convenable de leur attribuer d'autres significations similaires à leur sens littéral. [Le Coran al-karîm et hadiths al-sharîfs sont dans le langage Quarysh; autrement dit, ils sont en dialecte et lexicologie qurayshite, en bref, en langue arabe de Quraysh. Il faut attribuer aux mots leur sens littéral du vocabulaire de mille quatre cents ans avant utilisé en Hedjaz. Il n'est pas valable de les interpréter ou traduire avec les sens actuels variés au cours du temps]. Il y a des sens cachés incompréhensibles dans les âyat al-karîma (versets du Qur'ân al-karîm) appelés **«Mutachâbihât»** (versets ambigus). Allah Le Très-Haut seul sait leur sens vrai de ces versets; et aussi des élus pieux et vertueux exceptionnels auxquels on a donné **«'Ilm laduni»** (Science venant d'auprès d'Allah Le Très-Haut) peuvent les comprendre dans la mesure où on leur en a accordé. Personne d'autre ne peut les concevoir. C'est la raison pour laquelle, il faut avoir la foi en ces âyats mutachâbih, croire qu'ils sont de la parole divine mais il ne faut pas s'occuper de raisonner sur leur sens. Les savants de l'école "Ach'ari" ont rapporté qu'il était permis (jâiz) de faire **ta'wil** (d'interpréter) tels âyats brièvement ou de façon détaillée. Ta'wil (interprétation) veut dire choisir celui qui n'est pas connu parmi les différents sens d'un lexique. Par exemple, sur l'âyat al-karîma (verset) dans la sourate **"La main d'Allah est au-dessus de leurs mains"**, qui est la parole même d'Allâhu ta'âlâ, nous devons dire: "J'ai cru à ce qu'Allâhu ta'âlâ veut dire par ceci". C'est la meilleure façon de dire: "Je ne peux pas en comprendre la signification; Allâhu ta'âlâ seul le sait" ou de dire "la science d'Allâhu ta'âlâ est différente de la nôtre. Sa volonté ne ressemble pas à notre volonté. Donc la main d'Allâhu ta'âlâ n'est pas comme les mains de Ses serviteurs humains, Ses créatures humaines".

Dans les livres qu'Allâhu ta'âlâ a révélés, soit seulement la prononciation soit seulement le sens ou tous les deux de certains âyats ont été **"abrogés"** (nash), changés par Allâhu ta'âlâ. Le Qur'ân al-karîm a aboli tous les Livres, a abrogé leur validité. Il n'y a et il n'y aura jamais, jusqu'au Dernier Jour, aucune erreur, aucune lacune, aucune absence, aucun excès dans le Qur'ân al-karîm. Toutes les sciences passées et futures existent dans le Qur'ân al-karîm. C'est pourquoi, il est plus valable, plus précieux que tous les Livres célestes, Livres divins. Le plus grand miracle (mujiza) de Rasûlullah (sallallahu alaihi wa sallam) est le Qur'ân al-karîm. Si tous les êtres humains et les djinns s'assemblaient et essayaient de dire quelque chose semblable à la plus courte sourate du Qur'ân al-karîm, ils n'en seraient pas capables. En fait, les rhétoriciens, les poètes éloquents, rhéteurs et célèbres de l'Arabie se sont réunis, mais à la fin de durs efforts, ils n'ont pas pu dire quelque chose semblable à un verset (âyat) le plus court. Ils n'ont pas pu affronter le Qur'ân al-karîm. Stupéfaits, ils se sont affolés. Allah Le Très-Haut rend les ennemis de l'Islâm impuissants et battus face au Qur'ân al-karîm. La rhétorique, l'éloquence, l'élocution du Qur'ân al-karîm sont au-dessus du pouvoir humain. Les êtres humains sont incapables de dire comme il dit. Les âyats (versets) du Qur'ân al-karîm sont dissemblables aux genres en vers et en prose non rythmée et en vers ou en prose métrique et aux énoncés rimés des êtres humains. Néanmoins, le langage du Qur'ân al-karîm est des mêmes lettres qu'utilisaient les littéraires en Arabie.

Le nombre des Livres célestes révélés que nous connaissons est de cent quatre. Parmi eux, dix souhouf (feuillets) révélés à **Âdam** alaihissalâm; cinquante souhouf à **Shît** alaihissalâm; trente souhouf à **Idrîs** (Hénoch) alaihissalâm; dix souhouf à **Ibrâhim** (Abraham) alaihissalâm; la **Torah** (l'Ancien Testement) révélé à **Mûsâ** (Moïse) alaihissalâm; **Zabûr** (les psaumes) à **Dâwûd** (David) alaihissalâm; **l'Injîl** (l'Evangile, le Nouveau Testament) à **Isâ** (Jesûs) alaihissalâm. Et le Saint Coran **(Qur'ân al-karîm)** a été révélé à **Muhammad** alaihissalâm.

Quand l'homme veut ordonner ou interdire ou demander ou informer quelque chose, sa mémoire avant tout prépare un processus de réflexion. Cette réflexion est d'une parole à l'intérieur de soi; en d'autres termes c'est la parole que l'on pense en soi. Ces paroles internes ont un sens et elles sont nommées **"kalâm nafsi"** (parole interne). Ces paroles n'ont pas de langue mais elles ont un sens. La prononciation de ces paroles dans diverses langues n'engendre pas une divergence de sens, de signification. Et on ne peut pas nommer ces sens comme le persan, l'arabe ou le turc. Et quand cette parole est prononcée avec un son, une voix audible, autrement dit quand elle est explicative, quand elle prend la forme d'une expression phonique, c'est alors **"Kalâm lafdhî"** (parole externe). Kalâm lafdhî peut être exprimé en différentes langues. Donc, Kalâm nafsî est un attribut propre, invariable et distinct qui existe chez celui qui possède la parole comme les autres attributs tels que le savoir, la volonté, le discernement, etc. Quant au Kalâm lafdhî, c'est un groupe de lettres que l'on prononce avec un son, une voix et qui est audible. Kalâm lafdhî (la parole externe) exprime kalâm nafsî (la parole interne). Ainsi, la Parole d'Allah Le Très-Haut est une parole (kalâm) prééternelle et post-éternelle; en d'autres termes Sa parole est exempte de début et de fin et n'a pas de ressemblance avec la parole des créatures. Sa parole existe en Sa personne (dhât) et elle n'est pas créée, elle n'est pas créature. Il ne Lui advient pas de silence ni d'entrecoupement, car la Parole d'Allah Le Très-Haut n'est pas constituée de lettres ni de son. Son attribut de la Parole est distinct de Son Sifât adh-Dhâtiyya et de Son Sifât ath-Thubûtiyya comme Son Attribut de la science ou Son Attribut de la volonté.

L'attribut de la parole est immuable et simple. Il ne change, il ne se métamorphose jamais. Il n'a pas de lettres ni de son. Il n'est pas d'une n'importe quelle langue. Il n'a pas de transformation, ni interruption, ni entrecoupement, ni fragmentation comme être en arabe, en persan, en hébreux, en turc ou en syriaque ou comme ordonner, interdire, informer etc. Il ne prend pas de telles formes. Sa parole n'est pas une langue. Elle n'est pas d'un langage écrit. Elle n'a pas besoin des organes ou d'instruments comme langue, l'oreille, ou la mémoire. Elle peut être dite, exprimée en une langue souhaitée. Ainsi, si elle est exprimée en langue arabe, on l'appelle le Saint-Coran (Le Qu'ân al-karîm). Si elle est dite en hébreux, c'est la Torah (la Tawrat) et si elle est dite en syriaque, c'est l'Evangile (l'Injîl). [Dans Le livre **"Sharh al-maqâsid"**[1] il est écrit que si elle est dite en langue grecque c'est l'Injîl, et si elle est dite en langue syriaque, c'est le Zabûr (les psaumes).

---

[1] [Sharh al-maqâsid fut écrit par Sa'duddîn Taftâzânî, décédé en 792 de l'Hégire [en 1389] à Samarkand.]

La Parole Divine (Kalâm ilâhi) expose les sujets variés. Si elle relate des données traditionnelles, des événements, des faits, c'est alors **"Khabar"** (constatif ou énoncés constatifs), sinon c'est **"Inshâ"** (performatif ou énoncés performatifs). Si elle désigne ceux qu'il faut faire, c'est **"Amr"** (Ordres). Si elle énonce des interdictions, c'est **"Nahy"** (interdictions). Mais il n'arrive et il ne saurait aucun changement, aucune modification ni accroissement dans la Parole Divine. Tous les livres et feuillets révélés par Allah Le Très-Haut sont de Son attribut de la Parole. Ils sont de l'attribut de la Parole, en d'autres termes ils sont de kalâm nafsî. Quand l'expression de l'attribut de la parole est en langue arabe, c'est alors le Qur'ân al-karîm. La révélation (vahy) descendue en lettres et en vers et qui peut être transcrit, qui s'entend et qui est prononçable et audible et qui peut être récité par cœur est nommée "Kalâm lafdhî" (parole externe) et le **"Qur'ân al-karîm"**. Et comme ce Kalâm lafdhî désigne le Kalâm nafsî, il est jâiz (possible) de l'appeler Kalâm ilâhî (Parole Divine) et Sifât ilâhî (Attribut Divin). De même que l'ensemble est appelé le Qur'ân al-karîm de même ses parties sont appelées le Coran.

Les savants du droit chemin rapportent unanimement que le Kalâm nafsî (la Parole interne) est incréé, autrement dit, il n'est pas créé ni créature, mais qu'il est prééternel et immuable. Or, il n'y a pas d'unanimité sur le Kalâm lafdhî (la Parole externe) s'il n'est pas hadith (contingent) ou qadîm (prééternel). Parmi les savants qui ont rapporté que kalâm lafdhî (la parole externe) était de hadith (contingence), quelques' uns ont dit qu'il ne fallait pas dire que kalâm lafdhî était hadith (contingent); car, si on la nommait comme hadith, il y aurait la probabilité du risque de penser que kalâm nafsî était du hadith (de la contingence). Et ce dernier était un commentaire correct à ce sujet. L'esprit humain perçoit spontanément la signifiée dès qu'il entend le signifiant. Cette expression des savants Ahl sunna qui déterminent que le Qur'ân al-karîm est hadith (contingence), dénote que les voix et les mots lus et prononcés par la bouche sont makhlûq (créés). Les savants Ahl sunna ont rapporté unanimement que le Kalâm lafdhî et aussi le Kalâm nafsî sont tous de la Parole d'Allah Le Très-Haut. Dire que le Kalâm nafsî (parole interne) est la Parole Divine, cela signifie que c'est l'Attribut de la parole d'Allah Le Très-Haut, quoique quelques-uns parmi eux aient essayé de l'interpréter métaphoriquement. Dire que le Kalâm lafdhî (parole externe) est la Parole Divine, cela signifie qu'Allah Le Très-Haut est Son Créateur.

Question: D'après ce qui est cité ci-dessus, on comprend que l'on n'entend pas la parole d'Allahu ta'âlâ qui est éternelle. Quand on dit que l'on a entendu la parole divine, cela voudrait dire que l'on a entendu avec les sons, voix et les mots prononcés, en d'autres termes l'expression phonique. Ou bien, cela signifierait que l'on a compris les voix prononcées et le Kalâm nafsî (parole interne) qui est prééternel. Tous les Prophètes, même tout le monde sont capables de l'entendre de ces deux façons. Alors, quel est le motif de distinguer Mûsâ (Moïse) alaihissalâm comme "Kalîmullah" (Celui à qui Allah parle)?

Réponse: Mûsâ (Moïse) alaihissalâm a entendu d'une manière à l'exception de la loi divine la parole divine prééternelle qui est sans lettre ni son, en d'autres termes le kalimatullah prééternel (le Verbe d'Allah). Il L'a entendu d'une manière indéterminable comme Allah Le Très-Haut sera vu d'une manière insaisissable et indéterminable au Paradis. Personne d'autre n'a entendu de cette manière. Ou bien, il a entendu verbalement la Parole divine (le Verbe d'Allah); mais cette ouïe n'était pas seulement par l'oreille, et ainsi, toutes les molécules de son corps peut-être L'ont entendu de toutes les directions. Ou bien il L'a entendu seulement du côté de l'arbre; mais cette ouïe n'était pas sonore ni avec des vibrations de l'air ni d'autres faits. Comme il L'a entendu par l'un de trois moyens il était honoré d'être nommé "Kalîmullah". L'audition et la réception de la Parole divine par Muhammad *alaihissalâtu wassalâm* pendant la nuit du Mi'raj (ascension) et l'audition de la Parole divine par Jabrâil alaihissalâm pendant la réception des révélations (vahy) aussi était de cette manière.

4 – Le quatrième pilier indispensable de la foi c'est **croire aux Prophètes et Messagers** d'Allâhu ta'âlâ. Ils ont été envoyés aux gens pour leur montrer le droit chemin, pour inviter les êtres humains à suivre la voie qu'Allah Le Très-Haut aime et pour les guider sur le droit chemin. Roussul (pl. du mot rassoul) signifie les Envoyés, les Messagers. Dans le dictionnaire, ce mot signifie le messager, l'annonciateur, l'avertisseur ou la personne envoyée. **"Rassoul"** en Islâm veut dire la personne de grande valeur et respectée de qui la nature, le caractère, la science et l'intelligence sont au-dessus de tous les gens de son époque. L'Envoyé ou le Messager n'a aucun trait de mauvais caractère, de manières détestables. Les prophètes ont l'attribut de **"Ismat"** (la toute pureté et protégé de l'erreur). En d'autres termes, ils ne commettent aucun péché, grand ou petit, ni avant ni après la réception de révélation. [Les mécréants qui veulent démolir

l'Islâm insidieusement de l'intérieur disent que Muhammad alaihissalâm sacrifiait des victimes aux idoles, aux statuts avant être révélé le Messager, et comme argument, ils donnent leur référence aux ouvrages écrits par les hérétiques qui nient les quatre madhabs. Or, il est clair par ces lignes citées ci-dessus que toutes leurs basses calomnies ne sont que des mensonges]. Les Prophètes n'ont aucun défaut physique comme la cécité, la surdité et les semblables après la réception de la révélation de la **noubouwwa** (la Prophétie) jusqu'à la diffusion de sa révélation prophétique. Il faut croire que chaque Messager avait sept qualités: **Amânat** (confiance), **Sidq** (véracité, sincérité), **Teblîgh** (diffusion du message), **Adâlah** (justice), **Ismat** (pureté), **Fatânah** (intelligence supérieure) et **Amn'ul-azl** (sûreté de ne pas être destitué de la Prophétie). **Fatânah** ou **Fatânat** veut dire la perspicacité, la sagacité et être d'une intelligence supérieure.

Un Prophète envoyé avec une nouvelle religion est appelé **"Rassoûl"** (Messager). Le prophète, le messager qui n'est pas envoyé avec une nouvelle religion et qui invite les gens à la religion précédente est appelé **"Nabî"**. Il n'y a pas de différence entre Rassoul et Nabî en ce que concerne la diffusion du message d'Allahu ta'âlâ et l'invitation des gens à Sa religion. Avoir la foi aux Messagers signifie avoir la croyance qu'ils sont tous fidèles, véridiques, loyaux sans faire discrimination entre eux. Quiconque ne croit pas à l'un d'eux veut dire qu'il n'en croit à aucun.

Nubuwwa, c'est-à-dire la Prophétie ne peut pas être acquise ou obtenue ou saisie en travaillant durement, en souffrant de faim ou de soif ou d'inconfort ou en pratiquant beaucoup de prières, de dévotions. C'est seulement par la faveur et le choix d'Allah Le Très-Haut qu'on le devient. Les religions ont été révélées et transmises par l'entremise des Prophètes afin que les gens règlent leur vie, affaires mondaines et de l'autre monde et qu'elles soient utiles et que les gens soient évités des actes nocifs et qu'ils soient atteints le salut, le droit chemin et le bonheur. Si nombreux que fussent leurs ennemis qui se moquaient d'eux et qui les affligeaient, les Prophètes n'en jamais eu peur, n'ont jamais hésité de transmettre, délivrer aux gens les ordres d'Allâh Le Très-Haut qui concernent la croyance et la pratique. Allah Le Très-Haut a renforcé et protégé Ses Prophètes avec les miracles (mu'jiza) pour montrer qu'ils étaient fidèles et véridiques, c'est-à-dire qu'ils disaient la vérité. Personne n'a pu s'opposer à ces miracles. La communauté d'un Prophète est appelé Son "Umma". Au jour du Jugement Dernier, les Prophètes seront autorisés à intercéder en faveur de leur umma', particulièrement en faveur des pécheurs qui ont des péchés graves et leur intercession sera acceptée. Allâhu ta'âlâ leur permettra aussi d'intercéder pour les savants, les pieux et les saints (pour 'ulamâ, sulahâ' et awliyâ) parmi leurs 'umma (communauté) et leur intercession sera acceptée. Les Prophètes "'alaihimu's-salawâtu wa 't-taslîmât" sont en vie dans leur tombe, laquelle nous ne connaissons pas. La terre ne décompose pas, ne putréfie pas les corps bénis des Prophètes. C'est la raison pour laquelle, il est dit dans le hadîth sharîf: **"Les Prophètes sont vivants dans leurs tombes où ils se tiennent en prière et ils font le pèlerinage** (haj)".

[Aujourd'hui, des gens appelés Wahhâbî **(Wahabites)** en Arabie ne croient pas à ces hadiths sharîf. Ils nomment les musulmans qui croient en ces hadîths comme mécréants. Ils interprètent d'une manière erronée les nass (bases scripturaires) ambigües, ainsi ils deviennent des **"gens de la Bid'ah"** (innovateurs en religion) quand bien même ils ne deviennent pas mécréants. Ils portent gravement préjudice aux Musulmans. Le Wahhabisme a été fondé par un idiot de Najd appelé Muhammad bin Abd'alWahhab. Hempher, un agent britannique l'a leurré avec les idées aberrantes d'Ibn Taymiyya[1]. Et Il fut propagé partout, chez les turcs et autres peuples par le moyen des ouvrages d'un Égyptien nommé Abdouh[2] Les savants **Ahl Sunna** ont démontré dans des centaines de livres que ceux-ci n'étaient pas d'une cinquième madhab (école), mais un groupe d'hommes hérétiques et déviés. Ce sujet de Wahabisme fut expliqué en détail dans les livres **"Endless Bliss"** et **"Advice for the Muslim"** (**Hakîkat Kitâbevi** Publications). Puisse Allâhu ta'âlâ protéger les jeunes hommes de religion de prendre le chemin du Wahhabisme tracé par les Britanniques, et Puisse-t-IL ne pas faire dérailler, ne pas éloigner du bon chemin des savants **Ahl Sunna** loués par des Hadîths sharîf!].

Quand les yeux bénis des Prophètes "alaihimu's-salâm" dorment, leurs yeux du cœur ne dorment pas. Tous les Prophètes sont égaux dans l'accomplissement de leur mission de Prophétie et dans la possession de l'excellence de la Prophétie. Ils possèdent tous les sept qualités citées ci-dessus. Ils ne sont jamais destitués ou

---

[1] Ibn Taymiyya est mort en 728 de l'Hégire [en 1328] à Damas.
[2] Muhammad Abdouh est mort en 1323 de l'Hégire [en 1905] en Egypte.

révoqués de la Prophétie. Cependant, l'awliyâ peut être destitué de la Wilâya. Ils sont tous des êtres humains; les anges et les génies ne peuvent pas être les Prophètes des êtres humains. Les anges et les génies ne peuvent pas atteindre le rang d'un Prophète. Les Prophètes ont de la prééminence, de l'honneur et de la supériorité l'un sur l'autre. Par exemple, **Muhammad** alaihissalâm, le dernier Prophète est supérieur à tous les Prophètes sous le rapport des supériorités comme la multiplicité de sa communauté (umma) et la grandeur des contrées où il fut envoyé, la propagation de sa science (ilm) et de ses connaissances (marifa) sur les grandes étendues, la pluralité et la perpétuité de ses miracles et la présence des bénédictions et des faveurs propres aux prophètes. Les Prophètes "Ulu'l-azm" (Doué de fermeté) sont supérieurs à ceux qui ne le sont pas, et les Rassouls aux Nabî qui ne sont pas rassouls.

Le nombre des Prophètes "'alaihimu's-salawâtu wa 't-taslîmât" n'est pas connu. On sait qu'ils sont plus de cent vingt quatre mille. Parmi eux, trois cent treize ou trois cent quinze sont Rassûls. Et les six parmi ceux-ci sont plus élevés. Ils sont appelés Prophètes **"Ulu'l-azm"** (doués de fermeté). Ces Prophètes "Ulu'l-azm" sont: **Âdam** (Adam), **Nûh** (Noé), **İbrâhîm** (Abraham), **Mûsâ** (Moïse), **Îsâ** (Jésus) et **Muhammad Mustafa** (aleihimussalâtu wassalâm).

Les trente trois suivants parmi les Prophètes sont célèbres. Ce sont: **Âdam** (Adam), **Idrîss** (Hénoch), **Shit, Nûh** (Noé), **Hûd** (Héber), **Sâlih** (Shélah), **Ibrâhîm** (Abraham), **Lût** (Loth), **Ismâ'îl** (Ismaël), **Ishâq** (Isaac), **Ya'qûb** (Jacob), **Yûsuf** (Joseph), **Ayyûb** (Job), **Chu'ayb** (Jethro), **Mûsâ** (Moïse), **Hârûn** (Aaron), **Khedr, Yûsha' ibn Nûn** (Joshua), **Ilyâs** (Élie), **al-Yâs'a** (Êlisée), **Dhû'l-Kifl** (Êzéchiel), **Sham'on, Ishmoïl, Yûnas ibn Metâ** (Jonas), **Dâwûd** (David), **Sulaymân** (Salomon), **Luqmân, Zakarîyâ** (Zacharie), **Yahyâ** (Jean-Babtiste), **Uzair** (Esdras), **Îsâ ibn Maryam** (Jésus), **Dhul-qarnayn** et **Muhammad** (Mahomet, Muhammed) alaihi wa alaihimussalâtu wassalâm.

De ces Prophètes, seulement les noms de vingt huit d'entre eux sont mentionnés dans le Qur'ân al-karîm. Les noms de Shit, d'al Khedr, de Yûsha (Joshua), de Cham'on et d'Ishmoïl n'y sont pas cités. Il n'est pas très clair si Dhul-qarnayn, Lukmân, Uzair (Esdras) et al-Khedr sont prophètes ou non. Il est écrit à la trente-sixième lettre du second volume du livre **"Maktûbât-al-Ma'thûmiyya"** que les rapports authentiques citent que Khedr alaihissalâm était un Prophète. Il est écrit aussi à la cent-quatre-vingt-deuxième lettre que "l'apparence de Khedr alaihissalâm en guise d'homme et sa besogne de temps en temps ne désignent pas qu'il est en vie. Allah Le Très-Haut a autorisé à son esprit et aux ceux de plusieurs Prophètes et walîs (awliyâ) à apparaitre en guise d'homme. Les voir ne signifie pas qu'ils sont en vie". Le second nom de Dhû'l-Kifl (Êzéchiel) alaihissalâm Harqil. On dit aussi que Dhû'l-Kifl (Êzéchiel) alaihissalâm était en vérité Ilyâs (Élie) alaihissalâm ou Idrîss (Hénoch) alaihissalâm ou Zakarîyâ (Zacharie) alaihissalâm.

Hadrat Ibrâhîm alaihissalâm est Khalîlullah (l'ami) parce qu'il n'y avait rien d'autre que l'amour d'Allah Le Très-Haut dans son cœur. Hadrat Mûsâ alaihissalâm est Kalimullah parce qu'il a parlé à Allâhu ta'âlâ. Hadrat Îsâ (Jésus) alaihissalâm était Kalimatullah (le Verbe d'Allah Le Très-Haut) parce qu'il n'avait pas de père. Il est né de sa mère sur le Verbe Divin injonctif "Soit" (kun). En outre, il prêcha en délivrant aux gens les paroles d'Allâhu ta'âlâ pleines de sagesse divine.

Muhammad aleihissalam, le supérieur, le plus élevé, le plus honorable, le plus précieux des êtres humains et la raison d'être créées des créatures, est Habîbullah (l'Aimé d'Allah Le Très-Haut). Il existe de nombreuses évidences prouvant sa grandeur, sa supériorité et qu'il est Habîbullah (l'Aimé d'Allah). C'est la raison pour laquelle on ne peut pas utiliser des mots comme "être battu" ou "subi une défaite" à propos de lui. A la Résurrection, il se relèvera le premier de sa tombe et avant tout le monde. Il ira le premier au lieu du rassemblement (mahshar). Il entrera au Paradis avant tout le monde. Ses miracles sont innombrables; l'homme n'est pas en mesure de les compter; quand bien même, allons agrémenter notre livre en rédigeant son miracle de Mi'râj (ascension):

Alors qu'il dormait dans son lit à la Mecque, que Rasûlullah *"sallallahu taâlâ alaihi wa sallâm"* fut réveillé et fut emmené physiquement de la Mecque vers la Mosquée al-Aqsâ à Quds al-sharîf (Jérusalem) et par-là aux cieux et à travers les sept cieux, il fut amené aux espaces déterminés par Allah Le Très-Haut. C'est ainsi qu'il faut croire au Mi'râj que cette ascension est effectuée par le corps béni. [Ceux qui sont sur la voie aberrante d'Ismâîlî et les ennemis de religion déguisés en savants islamiques essayent d'abuser les jeunes gens en disant que le Mi'râj n'était qu'un état d'esprit et qu'il fut réalisé non physiquement mais spirituellement. Nous ne devons faire attention à ces tels livres et expressions corrompus et nous ne devons pas nous laisser abuser par ceux-ci. Il y a des rapports détaillés sur le Mi'râj dans de nombreux livres précieux, notamment dans le livre **"Shifâ al-sharif"**[1]. Il y a aussi d'informations détaillées à ce sujet dans le livre **"Endless Bliss"**]. De la Mecque à **"Sidrat-al muntahâ"** (le Lotus de la limite ultime), Rasûlullah *"sallallahu taâlâ alaihi wa sallâm"* fut amené avec Hadrat Gabriel (Jibrîl alaihissalâm). **Sidrat-al muntahâ** est un arbre immense dont les racines se situent au sixième ciel et son sommet atteint le septième. Toutes les ascensions, toutes les élévations et toutes les connaissances ne peuvent pas franchir ni dépasser ce seuil, ce lotus de confins. Rasûl- al akram *"sallallahu alaihi wa sallâm"* a vu Jabrâîl *alaihissalâm* (l'Ange Gabriel) sous sa propre forme réelle avec ses six cent ailes. Et Jabrâîl *alahissalâm* s'est arreté à la frontière de Sidrat-al muntahâ. Rasûlullah *"sallallahu alaihi wa sallâm"* fut emmené à partir de la Mecque à Quds al-sharîf (Jérusalem) sur une monture appelée "al-Buraq". **"Buraq"**, une créature blanche d'une taille plus grande qu'un âne et plus petite qu'une mule et dont le galop couvrait l'étendue de sa propre vue est une monture merveilleuse du paradis. Elle n'appartient pas aux animaux terrestres. Elle n'a pas de sexe. Elle était rapide comme l'éclair. A la **Mosquée al-Aqsâ** les Prophètes effectuèrent la prière d'ishâ ou de celle de fajr, guidée par Rasûlullâh *"sallallahu alaihi wa sallâm"*. Les esprits des Prophètes furent présents là, sous leur propre forme humaine. L'ascension de Muhammad alaihissalâm à partir d'al-**Quds** (Jérusalem) aux sept cieux par une échelle inconnue appelée **"Mi'râj"** fut effectuée en un moment. Sur le chemin, les anges alignés à gauche et à droite glorifiaient Rasûlullah et chantaient ses louanges. Il s'élevait d'un ciel à l'autre en compagnie de l'Ange Jabraîl (Jibrîl, Gabriel) *alaihissalâm*. A l'arrivée à chaque ciel, Jabraîl alaihissalâm annonçait et donnait la bonne nouvelle de l'arrivée de Rasûlullah. A chaque étape il vit un Prophète et le salua. A **"Sidra"**, il vit de nombreuses choses étonnantes. Il vit les grâces du Paradis et les châtiments de l'Enfer. Il ne regarda aucune des grâces du Paradis, son regard ne dévia point et n'outrepassa point en raison du désir ardent de voir la Splendeur d'Allâhu ta'âlâ. Au delà de Sidra, il fit route seul parmi des nûrs (lumières). Il entendit le bruit des crayons utilisés par les anges. Il traversa soixante dix mille rideaux. L'espace compris entre deux rideaux était semblable à celui d'une route de cinq cent années. Puis, il passa par le Kursî sur une monture appelée "Rafraf", plus lumineuse que le soleil et il

---

[1] Qâdi 'Iyad al Mâlikî, l'auteur du livre al-Shifâ est décédé en 544 de l'Hégire [en 1150] à Marrakech.

parvint au Trône Divin (arsh al-ilâhi). Il outrepassa le Trône, le temps, le lieu, les mondes substantiels. Il arriva au Rang (maqâm) où il put entendre la Parole d'Allah Le Tout-Puissant.

Il vit Allahu taâlâ d'une manière insaisissable et indéterminable et hors du temps et sans endroit comme IL sera vu dans l'autre monde. Il parla d'une manière sans lettres ni sons à Allahu taâlâ. Il glorifia, il récita les gloires et louanges à Allâhu ta'âlâ. On lui donna d'innombrables faveur, bonté, dons, générosité et des honneurs. On lui prescrivit, à lui et à son 'umma (sa communauté), d'accomplir cinquante prières de salât par jour mais cela fut graduellement réduit à cinq fois par jour par l'intermédiaire de Mûsâ alaihissalâm. Jusqu'à ce moment-là, on accomplissait seulement les prières rituelles du matin et de l'après-midi ou celle de la nuit. A la fin d'un voyage si long et d'être parvenu aux bienfaits lui accordés et d'avoir vu, entendu et témoigné tant de choses merveilleuses, il redescendit et rentra à la Mecque. Son lit n'était pas encore refroidi. Tout ce qu'on a écrit ci-dessus, c'est rapporté partiellement des âyats karîma et partiellement des hadîths sharîfs. Bien qu'il ne soit pas wâjib (indispensable) d'y croire tout, ceux qui refusent d'y croire seraient séparés quand même de l'Ahl sunna parce que les savants Ahl sunna les ont rapportés. Et celui qui ne croit pas à l'âyat karîma ou aux hadîths sharîfs devient infidèle.

Il y a d'innombrables évidences que Muhammad "alaihissalâm" est **"Sayyid al-anbiyâ"**. C'est à dire, le plus grand, le supérieur des Prophètes "alaihimu's-salawâtu wa't-taslîmât". Citons-en quelques unes:

Au jour du Jugement Dernier tous les Prophètes s'abriteront sous l'ombre de son étendard. Allâhu ta'âlâ prescrivit à chaque Prophète: [Si vous parvenez à l'époque où le Prophète est Muhammed alaihissalâm, Mon bien-aimé parmi les créatures, croyez en lui et aidez-le]. C'est bien ce que tous les Prophètes ont ordonné le même à leur umma et dans leur dernières volontés.

Muhammad "alaihissalâm" est le Dernier Prophète **"Khâtam al-anbiyâ"**. Aucun Prophète ne lui succédera. Son esprit béni fut créé avant tous les Prophètes. C'est à lui que le statut de nubuwwa fut lui accordé en premier. C'est avec lui s'est achevé la nubuwwa. Vers la fin du monde, à l'époque de Hadrat Mahdî, Î'sâ (Jésus) "alaihissalâm" descendra à Damas mais il se rejoindra à la umma de Muhammad alaihissalâm et il propagera l'Islâm dans le monde entier.

[Les aberrants appelés **"Qâdiyânî"** ou **"Ahmadî"**, lancés et organisés par les Anglais en Inde en 1296 de l'année Hijrî lunaire (en 1880), calomnient, dénigrent et médisent aussi sur Isâ alaihissalâm. Ils détruisent l'Islâm de l'intérieur bien qu'ils prétendent qu'ils sont des musulmans. Il y a une sentence (fatwa) sur ceux-ci rapportant qu'ils ne sont pas musulmans.

Un autre groupe hérétique des gens de bid'a et de renégats apparu en Inde est le groupe (firqah) appelé **"Jamaat at-tablighiyya"**. Le fondateur de cette communauté en 1345 de l'Hégire (en 1926) était un ignorant nommé Ilyâs. Il prétendait que les musulmans étaient déviés de la voie de l'Islâm et qu'il avait reçu l'ordre divin dans son rêve de les sauver de cette aberration. Il répétait ce qu'il apprenait des livres écrits par ses maîtres hérétiques nommés Nazîr Huseyn, Rashîd Ahmad Kankuhî et Khalîl Ahmad Sehâranpûrî. Dans le but d'abuser les Musulmans, ils parlaient toujours de l'importance de la prière de salât, namâz et de la jamâ'a (communauté). Mais en réalité, aucune prière des gens de bid'ah, en d'autres termes, de ceux qui ne sont pas des gens de Sunna ou d'**Ahl Sunna** n'est pas acceptable. Il faut qu'ils soient des vrais Musulmans en se débarrassant d'abord d'une croyance hérétique en s'instruisant, en étudiant des livres d'Ahl Sunna. Ceux qui mal interprètent les sens ambigus des versets dans le Qur'ân al-karîm sont appelés **"Gens de Bid'ah"** (Ahl bid'ah) ou **"Hérétiques"**; et ceux qui attribuent des sens erronés aux versets (âyat al-karîma) du Qur'ân al-karîm selon leurs propres opinions hérétiques et perfides, ces ennemis de l'Islâm sont appelés **"Zindik"** (renégat). Les renégats essaient d'altérer le Qur'ân al-karîm (le Coran) et l'Islâm. Et les Anglais, le plus grand ennemi de l'Islâm, les lancent, les nourrissent et dépensent des millions de dollars dans le but de propager ces croyances égarées. Les ignorants et ignobles membres de cette organisation de "Tablîgh-al-jamâ'at", tombés dans les pièges des incrédules britanniques mentent et abusent les musulmans en appelant eux-mêmes de l'Ahl sunna et en pratiquant des prières rituelles. Abdullah bin Mas'ud explique qu'il y aura des gens qui pratiquent des prières rituelles de salât quand bien même qu'ils n'ont aucune religion. Ceux-ci seront brûlés éternellement dans le fond de l'Enfer. Certains parmi ceux-ci avec les barbes, leurs toges et gros turbans comme des nids de cigogne construits au sommet des minarets abusent les Musulmans en récitent des versets du Qur'ân al-karîm et en les interprétant d'une manière erronée. Cependant un hadîth sharîf dit: **"Innallaha lâ yanzuru ilâ suwarikum wa siyâbikum wa**

lâkin yanzuru ilâ qulûbikum wa niyyâtikum", (Allâhu ta'âlâ vous juge de vos cœurs et de vos intentions non sur vos figures ou habits).

Un distique en persan:

Kadd-e buland dâred, destâr pâra, pâra,
Chun âshiyân-e laklak, ber kalla-e-minâra.

Les publications de **Hakîkat Kitabevi** et de **Waqf Ikhlâs** prouvent toujours que les paroles dorées de ces ignorants et de ces sots ne sont que des mensonges; ils sont incapables de répondre à nos publications; c'est la raison pour laquelle ils prétendent que les publications de Hakîkat Kitabevi ou de Waqf Ikhlâs ne sont pas de livres authentiques ou elles sont aberrantes et ils recommandent de ne pas lire ces publications. La plus grande preuve et le plus grand signe des hérétiques et des renégats, ennemis de l'Islâm est qu'ils déconseillent aux gens de ne pas lire les savants Ahl sunna et les livres authentiques qui les publient; de plus, ils les stigmatisent avec l'hérésie. Des nocivités et des maux qu'ils ont causés à l'Islâm et les réponses des savants Ahl sunna aussi sont largement traités dans notre livre (en turc) intitulé "Fâideli Bilgiler" (Savoirs utiles)]

Muhammad alaihissalâm est le supérieur des Prophètes et il est la miséricorde d'Allâhu ta'âlâ pour toutes les créatures. Dix-huit mille 'âlams (mondes) bénéficient de son océan de bénédiction. A l'unanimité des savants, il est le Prophète de tous les êtres humains et des génies. Plusieurs savants ont proclamé qu'il était aussi le prophète des anges, des plantes, des animaux et de toutes les substances. Alors que les autres prophètes ont été envoyés à certaines éthnies de certaines contrées, Rassoul-al akram "sallallahu alaihi wa sallam" fut le Prophète de tous les mondes et de toutes les créatures vivantes ou inanimées. Allâhu ta'âlâ appelle les autres Prophètes par leurs noms. Mais pour Muahammad alaihissalâm, IL le favorisa en lui s'adressant de rhétorique comme "Ô mon Messager", "Ô mon Prophète". IL le doua des miracles semblables accordés à chacun des autres Prophètes. Allah Le Très-Haut accorda à Son Prophète bien-aimé tant d'honneur, de vertus et de miracles qu'IL n'en accorda à aucun de Ses autres Prophètes. IL le rendit supérieur à tous les Prophètes avec les miracles tels que la scission de la lune sur un signe de son doigt béni; la glorification de petits cailloux qu'il avait pris dans sa paume béni; la salutation des arbres en s'adressant à lui "ô Rasûlullah"; les lamentations et pleures d'une souche d'arbre appelée **"Hannana"** sur laquelle Rasûlullah s'appuyait pendant les sermons (khutbah) parce qu'il l'avait quittée; le jaillissement d'eau pure entre ses doigts bénis; l'attribution de **"Maqâm al-Mahmûd"**, **"Shafâ'at al-kubrâ"**, **"al-Hawd al-Kawthar"**, **"al-Wasîla"** et **"al-Fadîla"** dans l'au-delà; l'honneur de voir jamal al-ilâhî (beauté divine) avant d'être entré dans le Paradis; IL le rendit supérieur avec ses qualités dans le monde déjà telles que sa haute qualité morale, la certitude (yaqîn) en religion, la science, la douceur de caractère (hilm), la gentillesse, la constance (sabr), la reconnaissance, la gratitude, le renoncement (zuhd), la pureté (iffat), la loyauté (adl), la virilité de caractère (muruwwa), la pudeur (hayâ), la bravoure (shaja'a), l'humilité (tawadu), la sagesse (hikma), adab (la bienséance), la générosité, bienfaisance (samahat), la pitié et avec des honneurs et excellences inexhaustibles. Personne sauf Allâhu ta'âlâ ne connaît le nombre des miracles lui accordés. Sa religion abrogea toutes les autres religions. Sa religion est la meilleure et supérieure à toutes les religions. Son umma (communauté) est supérieur aux autres umma's. Et l''awliyâ de son umma est au dessus de celui d'autres umma's.

Parmi l'awliyâ de 'umma (de la communauté) de Muhammad alaihissalâm, c'est **Hadrat Abu Bakr as-Siddîq** "radiyallahu anh" qui méritait d'être son calife et qui était plus digne pour le califat que les autres. Il est l'aimé des imâms et des Walîs. Après les Prophètes, il est le supérieur et le meilleur des êtres humains passés et à venir. Il est le premier qui parvient au statut et l'honneur du califat. Même avant l'apparition de l'Islâm, il n'adora pas les idoles grâce à la faveur et bénédiction d'Allâhu ta'âlâ. Il fut protégé du mal de l'infidélité et de l'aberration. [On peut comprendre par ci qu'ils sont combien ignorants et malheureux ces gens qui pensent et qui écrivent que Rasûlullah adorait les idoles avant la nubuwwa].

Après lui, le plus haut des gens est le second calife, Fâruq al-a'zam, **'Umar ibn al-Khattâb** "radiallahu taâlâ anh" qu'Allâhu ta'âlâ le choisit comme ami pour Son prophète bien-aimé.

Après lui, le plus haut des gens est le troisième calife de Rasûlullah ('alaihi's-salâm), Dhu'n-Nûrain **'Uthmân ibn 'Affân** (radiy-Allâhu ta'âlâ 'anh), trésor des faveurs et de bénédictions, source de la pudeur, de la foi, de la sagesse et de la connaissance spirituelle.

Après lui, le plus bon, le plus favorable des gens est le quatrième calife de Rasûlullah ('alaihi's-salâm), **'Alî ibn Abî Tâlib** (radî-Allâhu ta'âlâ 'anh), le lion d'Allâhu ta'âlâ et le possesseur des supériorités étonnantes.

Hadrat Hasan ibn 'Alî (radiy-Allâhu ta'âlâ 'anhum)[1] devint calife après lui. Le califat de trente années mentionné dans le hadîth ash-sharîf s'achevait avec lui. Après lui, le plus haut des êtres humains est **Hadrat Husain ibn 'Alî** "radiallahu taâlâ anhum", la lumière des yeux de Rasûlullah "sallallahu taâlâ alaihi wa sallam".

Ces supériorités sont basées sur l'abondance de leurs récompenses (thawâb), leurs bonnes actions, l'abandon de leur pays, de leurs bien-aimés, de leur domicile pour l'amour de l'Islâm, devenir musulman avant les autres, se conformer eux-mêmes au maximum à Rasûlullah "sallallahu taâlâ alaihi wa sallam", se vouer fermement à son sunna, s'efforcer de propager sa religion et prévenir l'incrédulité, la mécréance, la dissension et le désordre.

Bien que Hadrat 'Alî *"radiallahu anh"* embrasse l'Islâm avant tout le monde excepté Hadrat Abu Bakr *(radiallahu anh)*, il était un enfant et il n'avait alors aucune propriété et il vivait chez Rasûlullah *('alaihi's-salâm)* et il était à son service, c'est la raison pour laquelle son embrassement l'Islâm n'amena pas les incrédules à croire en Islâm, à le prendre comme exemple, ni leur défaite. Or, la conversion des trois autres califes renforça l'Islâm. Quoiqu'on puisse dire que Hadrat 'Alî et ses enfants *"radiallahu ta'âlâ 'anhum"* étaient supérieurs à Hadrat Abu Bekr et à Hadrat 'Umar parce qu'ils étaient les parents les plus proches de Rasûlullah et ils avaient la parenté de sang béni, cette supériorité ne concernait pas une supériorité de tous les égards. Cette supériorité ne surpasserait pas ces grands sous tous les rapports. C'est pareil à l'exemple de Khidir *'alaihi's-salâm* qui enseigne quelque chose à Mûsâ *'alaihi's-salâm*. [Si les liens de sang étaient un critère de supériorité, Hadrat Abbâs serait supérieur à Hadrat Alî. De plus, Abu Tâlib et Abu Lahab qui avaient la parenté la plus proche eu égard au sang n'avaient point de supériorité ni d'honneur existés chez le croyant le plus inférieur]. **Hadrat Fâtima** est supérieure que **Hadrat Hadîdja** et **Hadrat 'Â'isha** *"radiallahu anhunna"* parce qu'elle était la plus proche de Rasûlullah à l'égard du sang. Cependant, la supériorité d'un égard ne démontre pas une supériorité à tous les égards. L'ulamâ' a des remarques différentes sur la supériorité de l'une aux autres. Comme il est

_____

[1] [Hasan bin Ali est décédé empoisonné en 49 de l'Hégire [en 669] à Medina-i Munawwara].

compris des hadiths sharîf, ces trois et **Hadrat Mariam** et **Hadrat Âsiya** *"radiallahu taâlâ anhunna ajma'în"* qui était l'épouse du Pharaon sont les supérieures des femmes dans le monde. Dans le hadîth sharîf, **"Fâtima est supérieure à toutes les femmes du Paradis et Hasan et Husain sont les plus grands jeunes du paradis"** réfère aussi à une supériorité d'un égard.

Le rang suivant de supériorité est aux **"al-'Achara al-Mubashshara"**, les dix hauts personnages bénis de Sahâbat al-kirâm (Compagnons du Rasûlullah) avec la bonne nouvelle de Paradis. Après eux, le rang de supériorité est aux trois cent treize compagnons participés à la guerre sainte de Badr. Puis, les sept cents Musulmans braves qui ont participé à la guerre sainte de Uhud; puis, **"Bî'at-ar-ridwân"**, c'est à dire les mille quatre cents Musulmans qui se sont alliés sous l'arbre pour Rasûlullah.

Il est une obligation (wâjîb) pour nous de mentionner respectueusement et avec vénération les noms de Sahâbat al-kirâm *(radiallahu ta'âlâ 'anhum ajma'în)* qui avaient sacrifié leurs vies et leurs propriétés pour l'amour de Rasûlullah *(sall-Allâhu ta'âlâ 'alaihi wa sallam)* et qui l'avaient accompagné. Il n'est jamais admissible (jâiz) de dire des mots inconvenants à leur grandeur. C'est une aberration et une hérésie de mentionner irrespectueusement leurs noms.

Toute personne qui aime Rasûlullah doit aimer aussi tous ses Compagnons. Car, dans un hadîth, il est dit: **"Celui qui aime mes compagnons les aime parce qu'il m'aime. Celui qui ne les aime pas ne m'aime pas. Celui qui les blesse, me blesse et celui qui me blesse, blesse Allâhu ta'âlâ. Celui qui blesse Allâhu ta'âlâ, sera certainement torturé"**. Dans un autre hadîth, il est dit: **"Quand Allâhu ta'âlâ veut faire une faveur à quelqu'un parmi ma communauté (ummâ), IL lui met l'amour de mes Compagnons dans le cœur. Et lui, il les aime tous de tout son cœur"**.

Donc, il ne faut jamais penser que les combats vécus entre les Compagnons de Rasûlullah avaient le but d'obtenir le califat ou la souveraineté ou pour intriguer ou pour satisfaire les désirs de nafs. Un jugement erroné de cette manière ou dire de la méchanceté, de la calomnie ou de la bave sur ces grands serait de l'hypocrisie ou de courir à la catastrophe. Car, le fanatisme, la jalousie ou l'envie ou la passion pour un poste, tous ceux-ci étaient tous effacés dans leurs âmes, ils n'étaient plus passionnés de monde, ils n'étaient jamais captifs de la vie mondaine parce qu'ils s'étaient trouvés en présence de Rasûlullah et qu'ils avaient écouté directement ses hadiths bénis. Ils avaient été ainsi tous purifiés, libérés de l'ambition, du sentiment de haine, de rancune, et ils avaient quitté toutes les mauvaises manières. Maintenant, on peut demander aux préjugés de répondre que comment se fait-il que les Compagnons, nos maîtres si sacrés ne puissent-ils pas se sauver des mauvaises habitudes, purifier non plus leur nafs et se battent entre eux pour la charogne de ce bas monde puisqu'ils aimaient tant Rasûlullah *"sall-Allâhu ta'âlâ 'alaihi wa sallam"* pour qui ils avaient sacrifié leur vie, leurs biens, et qu'ils avaient quitté leur pays, qu'ils étaient amoureux de son souhba, une nourriture pour les esprits et alors que quiconque passant quelques jours en présence d'un Walî de l'umma du sublime Prophète "sallallahu alaihi wa sallam" bénéficiait de bonnes mœurs, de qualités excellentes de ce Walî, se purifiait et se sauvait d'être passionné de ce bas monde? Ces grands étaient certainement plus purs que tout les gens. Est-il convenable de prétendre, de dire qu'ils se sont battus pour les biens mondains, pour les ambitions de leurs nafs ou d'établir une ressemblance entre leur divergence, leur bataille avec celles des gens de mal intentionné comme nous? Il n'est jamais permis de parler hideusement d'Ashâb al-kirâm (ou Sahâbat al-kirâm ou Compagnons); car, l'hostilité contre Ashâb al-kirâm signifierait l'inimitié contre Rasûlullah *"sallallahu aleihi wa sallam"* qui les avait instruits et élevés. C'est la raison pour laquelle, décrier Ashâb al-kirâm, cela serait décrier Rasûlullah. Et les religieux remarquables ont rapporté: "Quiconque ne considère pas Ashâb al kirâm comme glorieux, admirables ou n'a pas de respect envers eux, il voudrait dire qu'il avait de l'incroyance, de la mécréance en Rasûlullah". Les combats de "Chameau" et de "Siffîn" ne pourraient pas être motifs à les calomnier, à les décrier. Dans ces guerres, il y avait des raisons religieuses qui sauvaient tous les opposants contre Hadrat Alî et qui même les amenaient à être récompensés au jour du Jugement Dernier. Dans le hadîth sharîf relatif à la récompense de l'ijtihâd, il est dit. **"Pour le mujtahid qui exerce un effort juridique, s'il se trompe il obtient une simple récompense (thawâb); mais s'il atteint la vérité, il a deux ou dix récompenses. La première est pour son effort (ijtihâd); et la deuxième, c'est parce qu'il atteint la vérité ".** Les désaccords ou les luttes entre ces grands de religion n'étaient pas issus de l'hostilité ou de l'obstination. C'étaient en raison de leurs efforts juridiques religieux, de la jurisprudence, parce qu'ils voulaient exécuter le commandement de l'Islâm. Chacun des Compagnons (d'Ashâb al-kirâm) était un mujtahid. [Par exemple, il est écrit dans le hadith cité à la 298ème page du livre **"Hadîkâ"**qu'Amr ibn al-' Âs "radiallahu taâlâ anh" était un mujtahid]

Il était fard (obligation) pour chaque mujtahid d'agir en accord avec la déduction qu'il en est arrivé par son propre ijtihad même si son ijtihad n'était pas conforme à celui d'un mujtahid plus élevé que lui. Il n'était pas permis qu'il suive un autre ijtihad. Abu Yûsuf et Muhammad Chaibânî étaient des disciples d'al-Imâm al-a'zam Abû Hanîfa Nu'mân ibn Thâbit[1], et Abû Sawr et Ismâ'îl al-Muzanî étaient des disciples d'Imâm Muhammad al-Châfî[2] et ils n'avaient pas suivi leur maître; ils étaient en désaccord avec eux sur plusieurs matières. Ils en ont défini plusieurs "halâl" (permises), lesquelles étaient déterminées comme "harâm" (défendues) par leur maître. Donc, ils ne pourraient pas être appelés comme pécheurs ou malfaisants, d'ailleurs personne ne l'a dit, car ils étaient mujtahid aussi comme leurs maîtres.

Il est vrai que Hadrat Alî "radiallahu anh" était plus élevé, plus savant que Muâviya et Amr Ibn al-' Âs "radiallahu anhuma". Il avait de nombreuses qualités supérieures qui le distinguaient de ces deux. Son ijtihad était plus fort et plus exact que ceux de ces deux. Toutefois, tous les Compagnons (Sâhâba't al- kirâm) étaient mujtahids et il n'était pas permis à ces deux de suivre l'ijtihad de ce grand Imâm. Il leur était indispensable d'agir selon leur propre ijtihad.

Question: Dans les combats de Jamal et de Siffîn, un grand nombre de muhâjirûn et d'Ansâr parmi les Sahâbat al-kirâm avait pris parti pour Hadrat Alî. Ils lui ont obéi et l'ont suivi. Tous ceux-ci étaient mujtahids et quand-même ils avaient considéré comme indispensable (wâjib) de le suivre. On comprend par ici qu'il était wâjib aussi pour les mujtahids de suivre Hadrat Alî. Alors, ne fallait-il pas que tous les mujtahids aient suivi Hadrat Alî même si leurs ijtihâds n'étaient pas en conformité avec les leurs?

Réponse: Ceux qui ont suivi Hadrat Ali "radiallahu taâlâ anh" et qui ont combattu de son côté ne se sont pas alliés parce qu'ils suivaient son ijtihâd, mais comme leurs ijtihâds étaient en conformité avec le sien, ils avaient considéré comme wâjib (indispensable) de suivre Hadrat Imâm Alî. En contrepartie,

---

[1] Abû Hanîfa Nu'man bin Thâbit est décédé en 150 de l'Hégire [en 767] à Baghdâd.

[2] Muhammad bin Idrîs al-Châfî' est décédé en 204 de l'Hégire [en 820] en Egypte.

l'ijtihâd de plusieurs Compagnons éminents n'était pas conforme à celui de Hadrat Ali. Et leur ijtihâd les a obligés à combattre contre ce grand imâm. Ashâb al-kirâm avait trois ijtihâds différents: un groupe d'eux avait compris que Hadrat Alî avait raison et considéré une obligation de le suivre. Un autre groupe avait évalué que ceux qui s'opposaient à Hadrat Alî avaient raison et c'était une obligation (wâjib) de les suivre et de combattre contre Hadrat Alî; un troisième groupe parmi eux avait dit qu'il ne fallait pas suivre tous les deux ijtihâds ni combattre. L'ijtihâd de cette troisième vue était basé sur l'obligation de ne pas prendre part. Tous ces trois groupes avaient certainement raison et ils ont eu beaucoup de sawâb (récompenses).

Question: Ce qui est écrit ci-dessus dénote que ceux qui combattirent contre Hadrat Alî "radiallahu taâlâ anh" avaient aussi raison, alors que les savants Ahl sunna désignent que Hadrat Alî avait raison et ses adversaires étaient dans l'erreur mais qu'ils furent pardonnés ou eurent des récompenses parce qu'ils avaient une excuse. Que peut-on dire à ce sujet?

Réponse: Les grands savants religieux comme İmâm Châfi'î et 'Umar ibn 'Abd al-'Azîz disent qu'il ne faut jamais utiliser le mot "erreur" ou "ils étaient dans l'erreur" sur aucun des Compagnons (Ashâb al- kirâm). C'est pourquoi on a dit: "C'est une erreur de dire que les Grands ont fait erreur". Il n'est pas permis pour les inférieurs de critiquer ou de reprocher ou déterminer les supérieurs avec les expressions comme "il a bien agi" ou "il a bien fait" ou "il a mal agi" ou "c'est appréciable" ou "c'est détestable" en ce qui concerne leurs actes. De même qu'Allahu taâlâ n'a pas ensanglanté, n'a pas maculé nos mains dans le sang de ces grands gens, de même nous devons nous protéger les langues de prononcer qu'ils étaient justes ou injustes. Quoique les savants éminents aient rapporté en percevant les arguments et en analysant les faits qu'Imâm Alî avait raison et que ses opposants étaient tombés dans l'erreur, ils ont voulu dire aussi "si Alî (radiallahu anh) pouvait parler aux opposants, il pourrait assurer l'affirmation de son ijtihâd par eux". Pareillement, Hadrat Zubair ibn Awwâm était parmi les opposants contre Hadrat Alî pendant le combat de Chameau mais, il a changé de son ijtihâd après avoir étudié profondément les faits. Il abandonna le combat. Donc, il faut évaluer pareillement les explications des savants Ahl sunna qui trouvent que ces erreurs d'ijtihâd sont admissibles. Sinon, il n'est pas correct de dire que Hadrat Ali et ceux qui le suivaient étaient dans la voie droite et que les autres Compagnons qui étaient dans le camp de notre mère Âicha Siddîqa étaient dans la voie erronée.

Ces combats entre Ashâb al-kirâm provenaient des différences de la conception d'ijtihâd (de réflexion sur l'effort juridico-islamique) qui est l'une des disciplines sur la jurisprudence de la loi de l'Islâm (ahkâm al-shariyya). Ils n'avaient aucun désaccord sur les fondements, sur les principes de base de l'Islâm. Aujourd'hui quelques-uns attaquent insolemment les grands de l'Islâm comme Hadrat Mu'awiya et 'Amr ibn al-'Âs (radiallahu ta'âlâ 'anhumâ). Ils ne se rendent pas compte qu'ils offensent indirectement Rasûlullah "sallallahu alaihi wa sallam", qu'ils le méprisent en méprisant Ashâb al-kirâm. Il est écrit dans le livre intitulé **"Shifâ ash-sharîf"** que Mâlik ibn Anas, le grand savant a dit: "Quiconque maudit et calomnie Mu'âwiya et Amr ibn al-Âs "radiallahu anhuma"[1] mérite tous ceux qu'il dit contre eux et il faut qu'il soit sévèrement puni pour son insolence, pour ce qu'il dit et écrit contre eux". Puisse Allah Le Très-Haut nous remplir les cœurs de l'amour des Compagnons de Son Bien-aimé! Les musulmans pieux, vertueux et fermes aiment ces supérieurs mais les hypocrites et les pervers ne les aiment pas.

[Ceux qui aiment et ceux qui respectent tous les Ashâb (Compagnons de Rasûlullah "sallallahu alaihi wa sallam") en rendant compte de leur grandeur, leur valeur et qui les suivent sont appelés "Ahl sunna". Ceux qui les méprisent majoritairement en prétendant qu'ils en aiment les uns et qu'ils détestent les autres sont appelés **"Chî'îtes"** et **"Râfidhîtes"** (ou Râfidites). Les Râfidhites sont en majorité en Iran, en Inde et en Iraq. Il n'y en a pas en Turquie. Quelques'uns d'entre eux se sont appelés "Alawites" pour abuser les Alawites qui sont des musulmans purs en Turquie. En réalité, Alawite signifie un musulman qui aime Hadrat Alî "radiallahu anh". Pour aimer quelqu'un, il faut le suivre et aimer aussi ceux qu'il aimait. S'ils aimaient Hadrat Ali "radiallahu anh", ils le suivraient. Hadrat Ali "radiallahu anh" aimait tous les Compagnons de Rasûlullâh. Il était aussi le confident et le conseiller de second Calife Hadrat Omar "radiallahu anhuma". Il avait marié sa fille Umm Ghulsum née de Hadrat Fâtima "radiallahu anha" avec Hadrat Omar "radiallahu

---

[1] Mu'awiya bin Abû Sufyân est décédé en 60 de l'Hégire [en 680] à Damas. Amr Ibn al-Âs est décédé en 43 de l'Hégire [en 663] en Égypte.

anh". Pendant un khoutba il dit au sujet de Hadrat Mu'âwiya "Nos frères étaient en désaccord avec nous. Cependant ils ne sont ni mécréants ni pervers. Leur ijtihad était de cette manière-ci" Quand Hadrat Talha "radiallahu anh" qui se combattait contre lui devint martyr, il nettoya la poussière sur son visage. Il devint l'imâm et dirigea lui-même la salât janaza (la prière pratiquée pour les défunts). Allah Le Très-Haut déclare dans le Qur'ân al-karîm que **"Tous les croyants sont frères"**. IL déclare aussi dans le dernier verset de la sourate Al Fath (Victoire) que **"Ses Compagnons étaient bons et compatissants entre eux"**. Donc, cela serait nier, ne pas croire au Coran si on n'aimait non plus l'un des Compagnons, surtout que concevoir de l'inimitié, être plein de l'hostilité contre l'un d'eux. Les savants Ahl sunna conçurent bien la grandeur, la supériorité des Compagnons (Ashâb al-kirâm "radiallahu taâlâ anhum ajma'în"). Ils nous prescrivirent, ils nous commandèrent de les aimer tous. Ils sauvèrent ainsi les musulmans d'une grande calamité.

Ceux qui n'aiment pas Ahl al-baït, c'est-à- dire "Gens de la Maison" comme Hadrat Alî "radiallahu anh" et sa famille, ses enfants, ses descendants et ceux qui conçoivent de l'inimitié contre ces gens élevés qui sont les bien-aimés des musulmans Ahl sunna sont appelés **"Khârijîtes"** (Khawârij; les sortants). Aujourd'hui, on appelle les Khâridjîtes comme **"Yazîdî"** (ou Yazidites). La croyance, la foi la confession des Yazidites sont si corrompus, si bizarre qu'ils n'ont aucune relation avec l'Islâm.

Et les **"Wahhabites"** sont ceux qui prétendent qu'ils aiment tous les Compagnons de Rasûlullâh (Ashâb al-kirâm), mais qui ne les suivent pas, et qui se trouvent au contraire sur la voie hérétique dénommée la voie des Compagnons. Le Wahhabisme est fondé sur une amalgamation des idées aberrantes rédigées dans les livres écrits par Ibn Taymiyya, un niant les madhabs, et des mensonges d'un espion britannique nommé Hempher. Les Wahabites n'apprécient pas les savants Ahl sunna, les éminents de tasawwouf, les grands soufîs et les Chiîtes non plus. Ils les méprisent tous. Ils supposent qu'il n'y a pas de musulmans excepté eux-mêmes. Ils appellent des polythéistes tous les musulmans qui ne sont pas comme eux. Ils considèrent les corps et biens des musulmans comme halâl (licite, permis) pour les Wahhabites. Ils deviennent **"Ibâhîtes"**. Ils tirent des Nass (des bases scripturaires explicites comme le Coran et les hadiths sharîfs) des sens faux et aberrants et ils croient que l'Islâm ne consiste que ces sens erronés. Ils refusent, ils nient 'adilla shar'iya (les quatre sources où se basent les fondements de l'Islâm; Le Livre (Qur'ân al-karîm), la Sunna, Qiyâs al-fuqahâ et ijmâ al-umma) et plusieurs hadiths sharif. Les savants de quatre madhabs juridico-islamiques prouvèrent avec les arguments dans de nombreux livres que ceux qui sont séparés de l'Ahl sunna se sont égarés et portèrent gravement atteinte et préjudice à l'Islâm. Pour en savoir plus, pour plus d'informations détaillées, veuillez lire les livres **"Al-minhat al-wahbiyya fî 'r-raddi 'l-Wahhâbiyya"**, **"At-tawassuli bi 'n-Nabî wa bi's-Sâlihîn"** et **"Sabîl an-najat"** en arabe et **"Saif al-abrâr"** en persan et **"Endless Bliss"** et **"Advice for the Muslim"** en anglais. Ces livres cités ci-dessus et plusieurs livres précieux écrits sur le refus et la réfutation d'ahl bid'a furent publiés par **"Hakîkat Kitâbevi"** à Istanbul. Dans le livre "Radd al-mukhtâr" (Volume III, chapitre sur les "Bâghî" écrit par **'Ibn Abidin**[1] et dans le livre **"Nimet-i Islâm"** en turc (chapitre sur "Nikâh"), il est clairement écrit que les Wahhabites sont ibâhîtes. Dans les livres intitulés **"Mir'ât al-haramayn"** et **"Târikh-i wahhabiyân"** (L'histoire des Wahhâbites) écrits par 'Ayyûb Sabri Pacha[2], l'un des amiraux du Sultan Abdulhamid Khân, et dans le septième volume de l'œuvre d'Ahmed Djevdet Pacha, le sujet de wahhabisme est écrit en détail en langue ottomane. Et aussi le livre intitulé **"Shawahid al-haqq"** écrit par Yûsuf an-Nabhânî en arabe et publié au Caire en Egypte réfute longuement les Wahhâbites et Ibn Taymiyya. Les cinquante pages de ce livre cité ci-dessus existent dans le livre que nous avions publié en langue arabe sous le titre **"'Ulamâ' al-Muslimîn wa Wahhâbiyyûn"** à Istanbul en 1972.

Ayyûb Sabri Pacha "rahima-hullahu taâlâ" dit comme le suivant: "Le Wahhabisme est apparu sur la Péninsule Arabique en 1205 de l'Hégire [en 1791] avec une rébellion sanglante et pleine de tortures". Muhammad 'Abdouh, originaire de Basse-Egypte, est l'un des hommes qui essayèrent de propager le Wahhabisme et anti-madhabisme au moyen de ses livres dans le monde entier. 'Abduh qui avait déclaré ouvertement son admiration pour Jamâladdîn al-Afghânî[3] qui était un franc-maçon et le président de la Loge maçonnique du Caire, fut lancé à la jeunesse avec des qualificatifs comme un grand savant islamique, un homme aux idées éclairées, un réformiste précieux. Et les ennemis de l'Islâm

---

[1] [Muhammad Amîn Ibn Äbidîn est décédé en 1252 de l'Hégire [en 1836] à Damas.]

[2] Ayyub Sabri Pacha est décédé en 1308 de l'Hégire [en 1890].

[3] Jamâladdîn al-Afghânî est décédé en 1314 de l'Hégire [en 1897].

qui s'étaient mis à l'affût pour détruire Ahl sunna et pour mettre l'Islâm en défaite attisèrent sournoisement cette zizanie (fitna) en guise d'hommes de religion et en louant l'Islâm avec des mots parés de clinquant et faussement dorés. Abdouh fut porté aux nues. Les grands savants Ahl sunna, les Imâms des madhab furent diffamés d'être ignorants. Leurs noms n'étaient plus mentionnés. Mais, les purs et vertueux enfants des martyres glorieux et honorables et de nos ancêtres qui avaient sacrifié leur vie pour l'amour de Rasûlullah "sallallahu alaihi wa sallam" ne se leurrèrent pas et ne crurent pas à ces propagandes et publicités faites et coutées des millions de dollars. Même, ils n'entendirent pas, ne reconnurent pas ces hommes de religion ampoulés, ces faux savants. Allâh Le Tout Puissant protégea les enfants des martyrs contre ces attaques faites lâchement. Et à présent, les livres traduits et publiés des gens anti-madhabites tels que Mawdûdî[1], Sayyid Kutb[2], Hamîdoullah et des gens de la "Jamaat at-tablighiyya" sont en distribution pour la jeunesse. On remarque l'abondance des idées aberrantes et qui ne sont pas conformes aux rapports des savants de l'Islâm dans les traductions de ces livres hérétiques mais prônées d'une manière enthousiasmante par le moyen des publicités gigantesques. L'eau peut dormir, mais l'ennemi ne dort jamais. Puisse Allâh Le Très-Haut réveiller les Musulmans du gaflat, de l'état apathique pour l'amour de Son Prophète bien-aimé Hadrat Muhammad "alaihissalâm"! Puisse-t-IL nous protéger de nous croire aux mensonges et calomnies des ennemis! Âmin. Ne nous leurrons pas de prier, de faire seulement des invocations! Implorer Allah Le Très-Haut sans travailler, sans obéir la loi divine, sans suivre les moyens serait demander des miracles à Allâhu ta'âlâ. Un musulman doit s'efforcer aussi bien prier, implorer. Il faut d'abord chercher, puis prier. Le premier moyen d'éviter de la mécréance, c'est d'étudier, d'apprendre l'Islâm puis l'enseigner. D'ailleurs, il est une obligation (fard) et le premier devoir pour tout le monde, femme ou homme, d'apprendre la croyance Ahl sunna et les commandements (fards) et les interdictions (harâms). Aujourd'hui c'est bien facile de les apprendre. Car, il y a la liberté d'écrire et de publier un livre véridique sur la religion. Et tout État qui donne cette liberté aux musulmans mérite d'apport de tout musulman.

---

[1] Abul 'Ala Mawdûdî, fondateur de "Jamaat-al Islamiyya" en Inde est mort en 1399 de l'Hégire [en 1979].

[2] Sayyid Kutb a été exécuté en 1386 de l'Hégire [en 1966] en Egypte.

Ceux qui n'étudient pas ou n'apprennent pas la croyance Ahl sunna et les préceptes religieux et qui ne les enseignent pas à leurs enfants sont en danger de déviation de l'Islâm et de tomber dans la calamité de mécréance. Les prières, les invocations de ceux qui ne le font pas ne sont pas d'ailleurs acceptables, donc, comment peuvent-ils alors s'échapper de la mécréance? Rasûlullâh (sallallahu alaihi wa sallam) dit: **"Il y a l'Islâm là où il y a la science. Il n'y a pas l'Islâm là où il n'y a pas de science"**. De même qu'il est nécessaire de manger et de boire pour ne pas mourir, de même, il est nécessaire d'apprendre sa religion pour ne pas être trompé par les infidèles, pour ne pas être égaré de la religion. Nos ancêtres se réunissaient souvent et lisaient ensemble des livres d'ilm al-hâl qui enseignaient la religion. C'est ainsi qu'ils restèrent musulmans; ils délectèrent de l'Islâm. Et ils purent nous transmettre correctement cette lumière de bonheur. Et la mesure préventive et indispensable est d'étudier d'abord les livres d'ilm al-hâl préparés par les savants Ahl sunna afin que nous aussi nous restions musulmans et que nos enfants ne soient pas capturés par les mécréants intérieurs et extérieurs. Les parents qui veulent que son enfant reste et soit un bon musulman doit lui enseigner lire, réciter le Coran. Allons lire, apprendre et aussi enseigner à nos enfants et à nos proches pendant que nous en avons l'occasion. Cela serait difficile de le faire quand ils commençaient à l'école. Même il serait impossible. Il est inutile de se lamenter quand le malheur est arrivé. Il faut toujours faire attention pour ne pas être leurré des livres, médias, films, radios, télévisions, revues et journaux clinquants des ennemis de l'Islâm. Ibn Abidin "rahima-hullahu taâlâ" écrit dans le troisième volume de son livre [Radd al-mukhtâr] que les mécréants sournois et insidieux qui prétendent qu'ils sont musulmans alors qu'ils ne croient en aucune religion mais qui essaient de faire abjurer les musulmans de l'Islâm en enseignant les motifs causant la mécréance comme si ils sont de l'Islâm sont appelés **"Zindik"** (renégats).

Question: Un lecteur des livres hérétiques rédigés par les négateurs de madhab dit: "Il faut lire des interprétations (tafsîr) du Qur'ân al-karîm. C'est dangereux et affreux de laisser l'affaire de compréhension de Qur'ân al-karîm et de notre religion aux savants en religion. De plus, le Coran ne dit pas "Ô savants en religion!", au contraire il dit "Ô croyants!", "Ô les hommes!". C'est pourquoi tout musulman doit saisir lui-même la signification du Qur'ân al-kârim sans l'attendre de personne"

Cette personne veut que tout le monde lise des interprétations (tafsîr) et des hadiths. Il ne recommande pas de lire les livres de Kalâm, de fiqh et d'ilm al-hâl écrits par des savants de l'Islâm, des grands d'Ahl sunna. Pareillement, le livre intitulé *"Al-Wahda al-Islamiiyya et Muhawarat al-Muslih wa al-Muqallid"*, écrit par Rashid Ridâ d'Egypte[1] et traduit en turc et publié par la présidence des Affaires Religieuses (publication no: 157, en 1394 H. / 1974) avait étonné entièrement les lecteurs. Aux plusieurs pages, particulièrement dans le "sixième dialogue" de ce livre, il disait:

"Ils [ces muqallids- savants de quatre madhabs sunnites] *exaltèrent leurs imâms mujtahids comme des Prophètes. Même, ils quittèrent le hadith en préférant le raisonnement d'un mujtahid qui ne s'accordait pas avec le hadith du Prophète* [sallallahu taâlâ alaihi wa sallam]. *Ils dirent qu'il était probable que ce hadîth soit annulé (nash) ou qu'il existe un autre hadith auprès de leur İmâm.*

"Ces imitateurs (muqallids) sont aussi en contradiction avec taqlîd (raisonnement imitatif) des mujtahids en contestant le hadith du Prophète exempt d'erreur, car ils agissent suivant l'opinion des gens pour qui il est possible qu'ils fassent une erreur sur un jugement ou qu'ils n'en sachent pas la matière. En le faisant, ils ne s'accordent pas non plus avec le Coran; ils se séparent même du Coran. Ils prétendent que personne hors de mujtahid ne peut comprendre le Coran. Ces explications des hommes de fiqh et des autres muqallids (imitateurs) démontrent qu'elles provenaient des Juifs et des Chrétiens. Par contre, la compréhension du Coran et du hadith est plus simple et plus facile que celle des livres écrits par les hommes de fiqh. Ceux qui ont bien assimilé le vocabulaire et les méthodes arabiques n'ont aucune difficulté de comprendre le Coran et le hadith. Qui pouvait dénier le fait qu'Allah est capable d'expliquer clairement Sa propre religion? Qui dénierait le fait que Rasûlullâh était plus capable que tout le monde de saisir ce qu'Allah voulait dire et de l'expliquer mieux que les autres? Dire que les explications du Hadrat le Prophète sont insuffisantes pour les musulmans, c'est prétendre qu'il n'est pas capable d'accomplir exactement le devoir de délivrer le message (teblîgh).Si la majorité des hommes ne pouvait pas comprendre le Coran et la Sunna, Allah ne voudrait pas rendre tous les hommes chargés de pratiquer les préceptes déclarés dans le Livre et Sunna. On doit

---

[1] Rashîd Ridâ était un disciple de Muhammad Abdouh. Il est mort en 1354 [en 1935].

connaître, savoir aussi les arguments d'une conviction ou d'une croyance à la quelle on a la foi. Allah désapprouva taqlîd [agir selon l'avis des mujtahids, des imâms et de l'ulamâ de quatre écoles de la jurisprudence de l'Islâm]. De plus, IL ne considère jamais un acte excusable cette imitation des pères ou des grands-pères. Les âyats montrent que taqlîd (imitation ou raisonnement imitatif) n'est jamais valable auprès d'Allah. Il est plus facile de comprendre furu' (la partie de la religion concernant des branches de la jurisprudence islamique sur l'application des principes) à partir des preuves légales (dalil) que de comprendre la partie imân (domaine de la croyance). Donc, puisqu'IL charge les humains de ce qui est difficile, ne devrait-t-IL pas les charger de ce qui facile? Bien qu'il soit difficile de tirer jugement de certains faits rares, cela serait considéré une excuse si on ne le savait pas ou si on ne le faisait pas. Les faqihs (savant en jurisprudence islamique) inventèrent d'eux-mêmes une série de problématiques. Ensuite, ils en produisirent des jugements. Ils essayèrent de les prouver avec des arguments authentiques, des preuves (dalil) comme ra'y (opinion), qiyâs al-jalî (analogie évidente), qiyâs al-khafî (analogie latente). Ils transportèrent aussi celles-ci dans le domaine cultuel (ibâdat) sur lequel il était impossible de s'informer avec le raisonnement. Ils étendirent ainsi la religion en la multipliant. Ils soumirent les musulmans à des contraintes. Je ne dénie pas personnellement l'analogie légale (qiyâs). Je veux dire qu'il n'y a pas d'analogie dans le domaine de culte. La foi et ibâdât furent parfaits à l'époque de Hadrat le Prophète. Personne ne peut rien y rajouter. Les imâms mujtahids prohibèrent l'imitation (taqlîd) aux gens et rendirent harâm (illicite, défendu) de faire taqlîd".

Le passage ci-dessus que nous avons résumé du livre intitulé "Al-Wahda al-Islamiiyya et Muhawarat al-Muslih wa al-Muqallid" dont l'auteur est Rashîd Ridâ, un antagoniste de madhab, interdisent comme tous les livres anti-madhab de suivre les İmâms de quatre madhabs. Ils ordonnent à tout le monde d'apprendre l'interprétation (tafsîr) et le hadith. Que dites-vous à ce propos?

Réponse: Quand on lit attentivement les phrases des anti-madhabites, on remarque aussitôt qu'ils essaient de tromper les musulmans en embellissant leurs pensées aberrantes et leurs opinions séparatistes avec des mots clinquants dans une dialectique empirique et illogique. Les ignorants croient que ces opinions sont basées sur la science dans le cadre de la raison et de la logique; et quoiqu'ils s'y attachent, les gens perspicaces et de science ne tombent jamais dans ces pièges.

'Ulamâ (érudits) en Islâm "rahimahum-Allâhu ta'âlâ" ont écrit des milliers de livres précieux depuis quatorze siècles dans le but d'avertir les jeunes gens contre le danger de non-madhabisme ou contre le courant anti-Sunnisme qui entraînent les musulmans au malheur éternel. Les passages suivants traduits à partir de la page 771 du livre **"Hujjat-Allâhi 'ala'l-'âlamîn"** écrit par Yûsuf an-Nabhânî[1] sont comme une réponse à la question citée ci-dessus:

"Tout le monde ne peut pas tirer ahqâm (des règles, des conclusions) du Qur'ân al-karîm. Comme les imâms mujtahids mêmes ne pourraient pas tirer toutes les conclusions dans le Qur'ân al-karîm, Rasûlullah "sallallahu alaihi wa sallam" les a expliquées au moyen de ses hadiths sharîf. De même que seul Rasûlullah "sallallahu alaihi wa sallam" expliqua le Qur'ân al-karîm, seuls Ashâb al-kirâm (les Compagnons) et les imâms mujtahid conçurent et expliquèrent les hadiths sharîf.

Allâhu ta'âlâ dota les imâms mujtahids de science, de connaissances scientifiques et religieuses, de compréhension profonde, d'esprit vif, d'intelligence supérieure et de plusieurs vertus et supériorités. Le principal de ces supériorités est le taqwa. Puis, vient la Lumière divine dans leurs cœurs. Avec l'aide de ces supériorités, nos Imâms mujtahids comprirent la parole d'Allâhu ta'âlâ et de Rasûlullâh, et aussi ils se référèrent au **"qiyas"** (raisonnement analogique; analogie légale) dans les matières où ils ont eu des difficultés d'y pénétrer. Chacun des imâms de quatre madhhabs a indiqué qu'il n'a pas parlé de son propre opinion et a dit à ses disciples: "Si vous trouvez un hadith authentique ou sain (sahih), laissez ma parole à part, suivez le hadith de Rasûlullâh". Nos imâms de madhhab l'ont dit aux savants profonds qui étaient mujtahids comme eux. Ces savants étaient des mujtahids de tarjîh (qui avaient l'habileté de distinguer) et qui savaient les preuves de quatre madhhabs. Ces savants mujtahids étudient les preuves, le hadith sur lesquels l'imâm de madhhab a basé son ijtihad avec les preuves et arguments et les transmetteurs du hadith sain (sahîh) récemment rencontré en les comparant et en examinant lequel était postérieur et plusieurs autres conditions, et ils comprennent ainsi lequel serait préféré. Ou bien, l'imâm mujtahid a résolu une question (mas'ala) au moyen de qiyas (analogiquement) parce qu'il n'avait pas le hadith qui serait sa preuve; et ses disciples en

_____

[1] Yusûf Ibn Isma`îl An-Nabhânî est décédé en 1350 de l'Hégire [en 1932] à Beyrouth.

ont eu une résolution différente parce qu'ils s'informèrent ce hadith qui serait la preuve sur la question dont il s'agit. Mais, ces disciples ne vont pas au-delà des règles d'imâm de madhhab quand ils emploient un tel ijtihad. Les muftîs mujtahids qui se sont succédé donnèrent fatwâ (sentence) de cette manière. Comme on comprend de tous ceux qui sont cités ci-dessus, les musulmans qui suivent les imâms de quatre madhhabs et les mujtahids qui se sont élevés dans ces madhabs suivent les règles d'Allâhu ta'âlâ et de Son messager. Ces mujtahids conçurent les bases scripturaires, les préceptes du Qur'ân al-karîm et des hadiths que tout le monde ne pourrait pas comprendre et ils rapportèrent et transmirent ceux qu'ils conçurent. Et les musulmans vécurent en accord avec ceux que ces mujtahids avaient conçu et rapporté en ce qui concerne les Nass, autrement dit le Livre et la Sunna. Car, Allah Le Très-Haut déclare dans le quarante troisième âyat (verset) de sourate Al-Nahl (Les Abeilles) qui signifie: **"Si vous ne le savez pas, interrogez donc là-dessus les gens du Rappel"**

Cet âyat karîma montre que tout le monde ne pouvait pas comprendre correctement et directement le Livre et la Sunna, autrement dit qu'il y aurait aussi des gens qui ne pouvaient pas les comprendre correctement. Et il commande, pour ceux qui ne peuvent pas les comprendre d'une manière correcte, de ne pas essayer personnellement de les concevoir mais de les apprendre en demandant à ceux qui les ont conçus. Si tout le monde avait pu comprendre correctement les sens du Qur'ân al-karîm et des hadiths, les soixante douze groupes déviés n'auraient pas apparu. Tous ceux qui ont produit ces groupes étaient tous des savants profonds. Mais aucun d'eux n'a pas pu comprendre correctement les bases scripturaires (Nass), c'est-à-dire les sens du Qur'ân al-karîm et des hadiths sharîf. Ayant mal compris, ils se sont égarés du droit chemin et ils causèrent des malheurs à des millions de musulmans. Ils les firent tomber dans la calamité. Ils se livrèrent aux excès en tirant des fausses conclusions des nass et plusieurs d'eux déraisonnèrent si bien qu'ils appelèrent les musulmans de la bonne voie mécréants, polythéistes. Il est écrit, dans le livre wahhabite intitulé **"Kashf-ush-shubuhât"** et traduit en turc et insinué occulte en Turquie, qu'il est mubah (permis) de tuer les musulmans Ahl-sunna et de piller leurs bien.

C'est seulement pour le Umma de Son Prophète bien-aimé "sallallahu taâlâ alaihi wa sallam" qu'Allâhu ta'âlâ a accordé la grâce que les imâms de madhhab puissent faire l'ijtihad, établir leur madhhab et que tous les musulmans se réunissent dans ces madhhabs. Allâhu ta'âlâ a créé d'un part les Imâms d'itiqad et a empêché les hérétiques, les impies et les renégats et les humains diaboliques de corrompre les fondements de la foi et les principes de l'itiqad (l'essence de la croyance, de la foi) et en créant les Imams de madhab, IL a protégé Sa religion d'être corrompue, d'être profanée. Comme cette faveur n'existait pas dans la religion chrétienne et juive, ces religions ont été falsifiées, altérées et modifiées en jouet.

Les savants islamiques ont rapporté unanimement qu'il n'y aurait plus de savants profonds capables de faire l'ijtihad, quatre cent années après le décès de Rasûlullâh "sallallahu alaihi wa sallam". Aujourd'hui, si quelqu'un disait qu'il fallait faire l'idjtihad, on comprendrait qu'il est certainement fou ou ignorant de religion. Quand le grand savant Jalâl ad-dîn as-Suyûtî[1] "rahima-hullahu taâlâ" avait dit qu'il était élevé au degré de faire l'ijtihad, quelques savants de son époque lui avaient demandé d'expliquer la question dont elle avait deux réponses différentes et de dire laquelle de ces réponses était correcte. Il n'a pas pu la répondre sous prétexte qu'il n'avait pas le temps et qu'il avait beaucoup de choses à faire. En réalité, on lui avait demandé qu'il fasse l'ijtihad sur la fatwa qui était le plus bas des degrés de l'ijtihad. Puisqu'un savant éminent comme Suyûtî s'est abstenu de faire l'ijtihad sur la fatwâ, comment devront appeler ceux qui poussent les musulmans à faire l'ijtihad absolu (ijtihad mutlaq), s'ils ne s'appellent pas fous ou ignorants de religion? Imâm al-Ghazâli[2] *(rahimah-Allâhu ta'âlâ)* rapporte clairement dans son livre **"Ihyâ' 'Ulûm ad-Dîn"** (Revivification des sciences religieuses, de la foi) qu'il n'y avait aucun mujtahid à son époque.

Si un musulman qui n'est pas mujtahid apprend un hadith sain et s'il trouve qu'il a des difficultés d'agir selon une résolution de l'imam de sa madhab et que cette résolution n'est pas compatible avec ce hadith sain, il devra rechercher et suivre, parmi les quatre madhhabs, un mujtahid dont l'ijtihad est basé sur ce hadith et agir à ce sujet suivant la madhhab de ce mujtahid. Le grand savant Imâm an-Nawâwî[3] "rahima-hullahu taâlâ" l'explique en détail dans son livre **"Rawdat at-tâlibîn"**. Car, il n'est pas permis pour

---

[1] Jalâl ad-dîn as-Suyûtî 'Abd ar-Rahmân est décédé en 911 [en 1505] en Egypte.

[2] Imâm al-Muhammad Ghazâli est décédé en 505 de l'Hégire [en 1111] à Tûs.

[3] Imâm al-Yahyâ an-Nawawî est décédé en 676 [en 1277] à Damas.

ceux qui ne sont pas élevés au niveau d'ijtihad de tirer des conclusions du Livre et de Sunna. A présent, quelques ignorants disent qu'ils sont élevés au niveau de faire l'ijtihad absolu, qu'ils peuvent tirer des conclusions du Livre et de Sunna et qu'ils n'ont pas besoin de suivre l'une de quatre madhhabs parce qu'ils peuvent saisir les nass. Ils abandonnent ainsi la madhhab qu'ils suivaient depuis longtemps. Ils essayent de réfuter les madhabs avec leurs raisonnements erronés. Ils objectent avec ignorance et inintelligence qu'ils n'observeraient pas et ne respecteraient pas des religieux qui n'étaient pas comme eux. Trompés par le Satan et incités par leur nafs, ils font le fier en prétendant leur éminence. Mais en disant cela, ils ne peuvent pas comprendre qu'ils relèvent ainsi leur bêtise et leur bassesse, non leur supériorité. Parmi ceux-ci, nous voyons aussi des ignorants et des aberrants qui ont dit et écrit qu'il fallait que tout le monde ait lu l'interprétation (tafsir) et ait dérivé des règles religieuses des livres d'interprétation et de Buhârî. Ô mon frère musulman! Évite extrêmement de faire l'amitié avec ces pareils imbéciles ou de les considérer comme religieux et garde-toi de lire leurs livres fabuleux; Attache-toi entièrement à la madhhab de ton Imâm! Tu es libre de choisir celle que tu souhaites parmi les quatre madhhabs. Mais, il n'est pas permis (jaiz) de rechercher les facilités, des dispenses (rukhsa) des madhhabs, c'est à dire faire **"Talfîq"** des madhhabs. [**Talfîq** signifie la méthode d'interprétation dans le but de choisir différentes solutions juridiques en provenance de différentes écoles, autrement dit, l'éclectisme, recherche et mélange des facilités, des dispenses ou des préceptes de quatre écoles en ce qui concerne l'accomplissement d'un acte, lequel n'est pas compatible avec aucune de quatre écoles. Quand on accomplit un acte, on suit l'une de quatre écoles, entre-temps, si on observe aussi, autant que possible, les conditions nécessaires pour que cet acte soit aussi valable et sain selon les autres trois madhab à la fois, on appelle cela la **"Taqwâ"** (la piété), laquelle est bien digne de récompense]

Il est indispensable qu'un Musulman qui est capable de comprendre bien les hadith sharîf qu'il lit apprenne bien tout d'abord ceux qui sont des preuves de sa propre madhab, puis accomplisse les actes loués par ces hadith sharif et qu'il s'abstienne de ceux qui sont prohibés par ces hadith sharif, et qu'il apprenne ensuite la grandeur et la valeur de la religion de l'Islâm, la perfection des noms et des attributs d'Allâhu ta'âlâ et de Rasûlullah "sallallahu alaihi wa sallam", et aussi la vie, les vertus et les miracles de Rasûlullah "sallallahu alaihi wa sallam", l'ordre de ce monde et de l'autre monde et celui du Paradis et de l'Enfer et les anges, les génies, les peuples et les umma et les Prophètes anciens et leurs livres sacrés, la supériorité de Rasûlullah et du Qur'ân al-karîm, les manières de vie de son haut personnage ainsi que celles de sa famille et de ses Compagnons, les révélations sur le Jugement Dernier, la fin du monde et les savoirs sur les deux mondes. Et tous les savoirs sur les deux mondes existent et sont concentrés dans les hadiths sharîf de Rasûlullah "sallallahu alaihi wa sallam".

Si on comprenait bien ce que nous avons précisé ci-dessus, il serait bien évident comme il était ignorant, celui qui disait que des règles de l'Islâm dérivées des hadiths sharîf par les mujtahids étaient inutiles. Parmi les innombrables sciences annoncées par les hadiths sharif, le nombre de ceux qui parlent des ibâdat (obligations cultuelles) et de muâ'malât (affaires sociales) est très peu. Certains savants ont estimé le nombre de ceux-ci à environ cinq cent. [Ils ne dépassent pas trois milles, y compris les répétés]. Il n'est pas possible qu'aucun imâm de quatre madhhabs n'ait pu entendre un hadith sahih parmi ces hadiths sharîf si peu. Au moins, l'un des imâms de quatre madhhabs a utilisé les hadiths sahih comme preuve. Un musulman qui remarque que quelques affaires ne sont pas convenables à aucun sahih hadith (hadith sain) dans sa propre madhhab, il doit accomplir cette affaire en suivant une autre madhhab qui faisait l'ijtihad sur ce hadith. L'imâm de sa propre madhhab aussi a entendu peut-être ce hadith, mais en suivant un autre hadith qu'il a compris qu'il était plus sain et qui avait annulé le premier, ou pour aussi les autres raisons que les mujtahids savaient, il n'a pas pris le premier hadith comme preuve; parce que l'imâm de cette deuxième madhhab qui connait les preuves que l'autre ne savait pas, a aperçu qu'il n'y a rien à empêcher de s'agir selon cet hadîth. Néanmoins, il est permis aussi pour lui d'accomplir cette affaire en suivant sa propre madhhab. Car, l'ijtihad d'imâm de sa propre madhhab est fondé sur une preuve sûrement saine. L'Islâm considère comme excusable, pour un muqallid (imitateur), de ne pas savoir cette preuve. Car, aucun des imâms de quatre madhhab n'a excédé le Livre et la Sunna dans son ijtihâd. Leur madhhab n'est que des explications du Livre et de la Sunna. Ils ont expliqué les sens et les règles du Livre et de la Sunna aux musulmans. Ils les ont faits de façon que les musulmans puissent les comprendre et ils les ont rédigés dans leurs livres. Ces travaux des imâhu de madhhabs "rahimahum-Allâhu ta'âlâ" sont si grands services à Islâm que la puissance humaine ne pourrait pas suffire pour les faire, si Allâhu ta'âlâ ne les avait pas aidés. L'existence de ces madhhabs est l'un des preuves et des évidences les plus parfaits qui montrent que Rasûlullah "sallallahu alaihi wa sallam" est le vrai Prophète, l'Islâm est la vraie religion.

La différence entre les ijtihâds de nos imâms de religion concerne seulement des certaines matières de furû'ad-dîn ou furou al-dîn (branches de la jurisprudence de l'Islâm; sciences religieuses concernant les principes de fiqh). Ils n'ont aucune divergence, aucun désaccord sur usûl-ad dîn (sciences fondamentales en Islâm), en d'autres termes, sur les sciences d'itiqâd (croyance) et de foi (îmân). Ils n'ont non plus aucune divergence en ce qui concerne les sciences religieuses de base (furû'ad-dîn) connues nécessairement et prises des hadiths sharîf dont les preuves sont communiqués par la narration. Seulement, ils se divergent les uns des autres sur quelques matières religieuses concernant furû'ad-dîn. Leur compréhension sur la santé et la sûreté des preuves de ces quelques matières s'est ensuivi cette divergence. Et ces petites divergences entre eux sont une compassion d'Allâhu ta'âlâ pour cet umma. Il est permis (jâiz), pour les musulmans, de suivre une madhhab qu'ils voudront, de choisir la madhab qu'ils trouvent plus facile. Rasûlullah "sallallahu alaihi wa sallam" avait prédit cette divergence comme bonne nouvelle et il est arrivé comme il avait prédit.

Il n'est pas permis de faire l'ijtihâd sur les sciences d'itiqâd (croyance) mentionnées clairement dans le Qur'ân al-karîm et hadîths sharîf, c'est à dire, sur les faits à croire et sur la science de fiqh. Car, cela susciterait des déviations et des hérésies. C'est un péché majeur. Il n'y a qu'un seul chemin droit en matière d'itiqâd (croyance). C'est l'école **"Ahl sunna wa'l jamâ'a"**. La divergence déclarée comme compassion d'Allâhu ta'âlâ dans le hadith sharîf, c'est celle qui concerne furou al-dîn, c'est-à-dire, les sciences religieuses concernant les principes de fiqh, de la jurisprudence de l'Islâm.

En matière d'une divergence des jugements de quatre écoles qui concerne l'action, il n'y a qu'un jugement correct. Les croyants qui pratiquent le jugement correct seront récompensés de deux thawâb; et ceux qui pratiquent les jugements incorrects seront récompensés d'un seul thawâb. Le fait que les madhhabs sont la compassion d'Allâhu ta'âlâ montre qu'il serait permis de pratiquer un précepte sur la pratique d'une action d'une autre école en dehors de sa propre madhab. Mais il n'est pas permis de suivre, d'imiter les autres écoles Ahl sunna y compris Sahâbat al-kirâm en dehors de ces quatre écoles. Car, leurs madhhabs ne sont pas enregistrées dans les livres et elles sont oubliées. Il n'y a pas eu la possibilité de suivre une autre madhhab outre que les quatre écoles connues. Et Imâm al-Abu Bakr al-Râzi "rahima-hullahu taâlâ"[1] rapporte qu'il a été unanimement déclaré par 'ulamâ (les savants en Islâm) qu'il n'était pas permis d'imiter [directement] Ashâb al-kirâm. Nous recommandons, à ceux qui voudront comprendre bien la supériorité des madhhabs, des mujtahids, surtout des Imâms de quatre écoles, le fait que leurs écoles n'ont pas excédé le Livre et Sunna et que les règles, les jugements qu'ils ont rapporté au moyen d'ijma et de qiyas, n'étaient pas leurs propres opinions, des raisonnements d'eux-mêmes, mais tirées du Livre et de sunna, de lire les livres **"Al-Mizan al-kubrâ"** et **"Al-Mizan al-Khidriya"** écrits par Abd al-Wahhâb al- Cha'rânî "rahima-humullahu taâlâ". La traduction faite du livre **"Hujjat-Allâhi 'ala 'l-'âlamîn"** s'achève ici. [Yûsuf an-Nabhânî, **Hujjat-Allâhi 'ala 'l-'âlamîn**, p.771-. Le passage cité ci-dessus et traduit de son original en arabe ne contient aucun mot ajouté par le traducteur. Comme nous avons fait dans tous nos livres, nous avons utilisé ici aussi les crochets pour les passages extraits des autres livres et ainsi on a essayé de prévenir une confusion probable des additifs avec le livre. L'original en langue arabe du livre **"Hujjat-Allâhi 'ala 'l-'âlamîn"** a été imprimé par offset en 1394 de Hégire (en 1974) à İstanbul.

Ce n'est pas vrai que le Qur'ân al-karîm ne mentionnait pas l'expression de "savants en religion". Plusieurs versets du Qur'ân al-karîm (âyats) louent les savants ('alîm,'ulamâ) et la science ('ilm). Hadrat 'Abd al-Ghânî an-Nablusî écrit dans son livre **Al-hadîqa**.[2]

Le sens du septième âyat (verset) de la sourate al-Anbiyâ *(les Prophètes)*, c'est: **"Interrogez plutôt les Gens du Rappel (dhikr), si vous ne le savez pas"**. Dhikr signifie la science ('ilm). Ce Signe (âyat) ordonne à ceux qui ne savent pas, de rechercher des savants, de leur demander pour apprendre ce qu'on ne sait pas. L'interprétation du septième âyat de sourate Al-Imrân *(la famille de l'Imrân)*: **"Seuls ceux qui sont doués d'intelligence et de science comprennent les sens des versets figuratifs, des signes qui sont**

---

[1]   Abu Bakr Ahmad Râzî est décédé en 370 de l'Hégire [en 980].

[2]   'Abd al-Ghânî an-Nablusî, l'auteur du livre intitulé Al-hadîqa est décédé en 1143 de l'Hégire (en 1731).

ambigus", et celle de dix huitième verset, c'est: "... **Les doués de science savent et témoignent qu'il n'y a de Dieu que Lui, Lui qui maintient la justice, Lui qui est Tout Puissant et le Sage**"; et l'interprétation du quatre-vingt-unième verset de soûrate d'Al-Qasas (la Narration) est comme le suivant: «**Ceux auxquels la Science avait été donnée dirent: "Malheur à vous! La récompense d'Allâh, Le Très-Haut, est meilleure que les bienfaits mondains pour celui qui croit et qui effectue l'œuvre salutaire. Ceux qui sont constants seront les seuls à la recevoir"**». Et l'interprétation de cinquante sixième verset de sourate Al-Rum *(les Romains)*, c'est: «**Ceux qui ont reçu la Science et la foi diront: "Voici venu le Jour de la Résurrection auquel vous ne croyiez pas"**»; et celle de cent huitième verset de sourate Al-Isrâ *(Le Voyage Nocturne)* est: «**Ceux qui ont reçu déjà reçu la Science prosternent sur leurs faces lorsqu'on leur lit le Qur'ân al-karîm, et disent: "Gloire à notre Seigneur! Certes, la promesse de notre Seigneur s'est accomplie! Ils prosternent en pleurant, leur humilité augmente"**»; le sens du cinquante quatrième verset de sourate Al-Haj *(Pèlerinage)* est: "**Quant à ceux auxquels la Science a été donnée, ils reconnaissent que le Qur'ân al-karîm est la Vérité, la Parole divine, venue de la part du Seigneur**"; et le sens de cinquante-sixième verset de sourate Al-Ankabût *(l'Araignée)*: "**Qur'ân al-karîm est dans les cœurs de ceux auxquels la Science a été donnée**"; le sixième verset de sourate d'Al-Saba' *(Les Saba')*: "**Et ceux qui ont reçu la Science voient que Qur'ân al-karîm descendu de la part d'Allah Le Très-Haut, est la Vérité et dirige les hommes sur le chemin du Tout Puissant**"; onzième verset de sourate d'Al-Mujadala *(la Discussion)*: "**Allâhu ta'âlâ placera au Paradis sur des degrés élevés ceux qui ont reçu la Science**"; et le sens de vingt-septième verset de sourate Al-Fâtir *(Le Créateur)*: "**Parmi les serviteurs d'Allah Le Tout Puissant, les savants sont seuls à Le redouter**"; et le quatorzième verset de sourate Al-Hujurât *(Les Appartements privés)*: "**Le plus noble d'entre vous, auprès du Seigneur, est celui qui craint le plus Allâh, Le Tout Puissant, le plus pieux d'entre vous**".

Les hadiths sharîf cités à la page trois cent soixante-cinq du livre "Hadikâ" déclarent: "**Allâhu ta'âlâ, les anges et tous les êtres vivants prient en faveur de celui qui enseigne les connaissances utiles aux gens**"; "**Au Jour du Jugement dernier, d'abord les Prophètes, puis les savants ensuite les martyrs intercéderont**". "**Ô êtres humains! Sachez que la science s'apprend en écoutant les savants.**" "**Apprenez la science! Apprendre est une prière, un** culte. **Qui enseigne ou apprend sera récompensé de djihâd. Enseigner est comparable à faire l'aumône. Acquérir la science d'un savant est comme faire la prière de tahajjud.**" Dans le livre de fatwâ intitulé **"Khulâsa"**, écrit par Tâhir Buhârî[1] "rahima-hullahu taâlâ", il est rapporté: "Lire des livres de Fiqh est une meilleure œuvre pieuse que de faire les prières de salât nocturnes". Car, il est fard (obligatoire) d'apprendre les fards (les obligations) et les harams (les interdictions) par les livres [des savants ou d'eux-mêmes]. Lire des livres de "fiqh" dans le but de pratiquer lui-même ou d'enseigner aux autres est meilleure œuvre pieuse que de pratiquer les salât at-tasbîh. Dans les hadîths sharifs, il est dit: **"Etudier la science est une œuvre pieuse plus valable que toutes les prières surérogatoirs** (nafila). **Car, elle est utile à l'enseignant et à la fois aux apprenants"**, et **"Celui qui apprend pour enseigner aux autres sera récompensé comme les sıddîq** (musulmans véridiques, sincères)". Les sciences islamiques n'apprennent que par le maître et le livre. Ceux qui disent qu'on n'a pas besoin de livres islamiques ou de guide-spirituel sont des menteurs, dégénérés ou des renégats. Ils trompent les musulmans et les entraînent vers le malheur. Les sciences écrits dans les livres religieux sont tirés du Qur'ân al-karîm et des hadiths sharifs. La traduction faite du Hadîka[2] se termine ici.

Allâhu ta'âlâ a envoyé Son Messager pour transmettre et pour enseigner le Qur'ân al-karîm, Ashâb al-kirâm ont acquis les connaissances, les sciences du Qur'ân al-karîm par Rasûlullah. Et les savants en religion les ont apprises par Ashâb al-kirâm. Et tous les musulmans les ont apprises par les savants en religion et par leurs livres. Dans les Hadîth sharîf, il est déclaré: **"La science est un trésor. Son clef est de l'acquérir en demandant"; "Apprenez et enseignez la science!"; "Tout a une source. La source du taqwâ** (piété) **est le cœur des sages"** et **"Enseigner la science, c'est l'expiation des péchés"**.

Al-Imâm ar-Rabbânî (rahmatullâhi ta'âlâ 'alaih) écrit dans la cent quatre vingt treizième lettre du premier volume de son livre **"Maktûbat"**:

"Une personne obligée, c'est à dire une personne saine qui a atteint l'âge de la puberté doit d'abord corriger sa foi et sa

---

[1] Tâhir Bukhârî est décédé en 542 [en 1147]

[2] l'auteur du livre Hadîqa , Abdulganî Nablusî est décédé en 1143 [en 1731]

croyance. C'est à dire, il faut apprendre bien les fondements de l'Islâm, écrits par les savants Ahl-i sunna et croire convenablement à ces principes. Puisse Allâhu ta'âlâ accorde abondamment des récompenses à ces travaux de ces grands savants! Amîn. Echapper à la torture de la Géhenne (Enfer) à la Résurrection dépend de croire en ceux qu'ils ont communiqués. Ceux qui seront sauvés de l'Enfer, ce sont seulement ceux qui les suivent. [Ceux qui sont dans la voie qu'ils ont montrée sont appelés **"Sunnî"**] Ce ne sont que ceux-ci qui suivent la voie de Rasûlullah "sall-Allahu alaihi wa sallam" et de son Ashâb (Compagnons) "ridvânullahi alaihim ajma'âin". Parmi les sciences tirées du Livre (du Qur'ân al-karîm) et de Sunna (des hadiths sharîfs), celles qui sont correctes et valables, ce sont seulement celles qui ont été rapportées par ces grand savants qui les ont bien aperçus. Car, tout homme hérétique et de bid'a, tout homme réformiste, tout homme aberrant et hors madhab mais qui porte un nom musulman prétend qu'il tirait inintelligemment ses idées aberrantes du Livre et de la Sunna. Ceux-ci essayent de diffamer les savants Ahl sunna. Donc, il ne faut pas présumer que chaque article, chaque explication allégués qu'ils sont tirés du Livre ou de la Sunna sont corrects et vrais, et il faut faire attention ainsi aux propagandes dorées, aux battages clinquants de ces hérétiques.

Le livre intitulé **"Al-mu'tamad"**, écrit en persan par le grand savant Tur Pushtî[1] pour expliquer la croyance droite expliquée par les savants Ahl sunna wal jamâ'a est très précieux et il a été écrit d'une façon très claire et facilement compréhensible. Il a été publié par **"Hakîkat Kitâbevi"**, en 1410 de l'Hégire [en 1989].

Après avoir corrigé l'apprentissage des croyances de l'aqâîd (croyances nécessaires), on doit apprendre les actes et choses **"Halâl"**, **"Harâm"**, **"Fard"**, **"Vâjib"**, **"Sunna"**, **"Mandoûb"** et **"Makrûh"** par les livres de fiqh écrits par les savants Ahl sunna et il faut les pratiquer. Il faut être vigilant, bien attentif pour ne pas lire des livres hérétiques écrits et publiés par des ignorants incapables de comprendre la grandeur et la supériorité des savants Ahl sunna. Les Musulmans dont la croyance n'est pas compatible avec celle d'Ahl sunna ne se sauveront pas d'aller en Enfer, dans l'autre monde; Qu'Allah nous protège! Si un musulman est indolent dans ses cultes, il peut être pardonné, même s'il ne s'en

_____

[1] Fadlullah bin Hasen Turpushtî est un savant en fiqh Hanéfite. Il est décédé en 661 de l'Hégire [en 1263].

repent pas. Même s'il n'était pas pardonné, il serait sauvé de l'Enfer après avoir été châtié. Donc, le principal est de corriger sa foi. Khwâja 'Ubaid-Allâh al-Ahrâr "qaddas-Allâhu ta'âlâ sirrahu'l-azîz"[1] dit: "Si on me donnait tous les dons de dévoilement et de prodige, mais si cependant on me privait de la croyance Ahl sunna, je me considérerais moi-même perdu, ruiné. Si je n'avais pas la faculté de dévoilement, de prodige et, de plus, si j'avais beaucoup de fautes et délit, mais on m'avait conféré quand-même la croyance Ahl sunna, je ne me sentirais jamais désolé".

Maintenant, les Musulmans de l'Inde sont esseulés. Les ennemis de l'Islâm attaquent de tous les côtés. Aujourd'hui une pièce de monnaie donnée pour servir l'Islâm est une bonne œuvre plus méritoire de récompense que des milliers de monnaies données à un autre moment. Le plus grand service à rendre à l'Islâm est de se procurer des livres Ahl sunna, des livres sur l'Islam et sur la foi et de les distribuer aux villageois, aux jeunes gens. Que celui à qui ce service a été accordé soit satisfait; Qu'il est heureux, qu'il est chanceux! Il doit en exulter et remercier le Seigneur. Servir l'Islâm est toujours une bonne action. Pareillement, aujourd'hui, pendant ce temps où l'Islâm est faible et on essaie de le démolir par des mensonges et des calomnies, essayer de s'efforcer de répandre la croyance, la foi Ahl sunna est une bonne œuvre beaucoup plus méritoire. Rasûlullah "sallallahu alaihi wa sallam" dit à ses Compagnons: **"Vous vivez dans un temps tel que si vous obéissez aux neuf sur dix des commandements et des prohibitions d'Allâhu ta'âlâ mais vous y désobéissez à un vous périrez; vous serez torturé dans l'au-delà! Après vous, il viendra un temps où celui qui n'obéit qu'un dixième des commandements et des interdictions sera sauvé."** [Ce hadith sharîf est écrit aussi dans le livre **"Mishkât al-Masabîh"**, V. 1 – p. 179 et dans "Kitâb al-Fitan", ch. 79, écrit par Tirmîdhî. Le temps signalé dans le hadith sharîf ci-dessus, c'est maintenant. Il faut se débattre contre les incrédules, dévoiler et révéler ceux qui attaquent l'Islâm et de les détester. [Le devoir de faire le djihâd (guerre sainte) est à l'Etat, à son armée. Le djihâd des musulmans signifie exécuter les commandements du gouvernement en service militaire. Il est écrit quand même dans la soixante cinquième lettre

---

[1] Khwâja'Ubaid-Allâh al-Ahrâr est décédé en 895 [en 1490] à Samarkand.

que le djihâd qawlî (effort) fait au moyen de paroles, d'écriture ou de conseil) est plus utile que le djihâd-ı qatlî (lutte armée)]. Il n'est pas indispensable d'être à même un savant ou un homme de prodige pour enseigner et distribuer les livres et les sentences des savants Ahl sunna. Chaque musulman doit s'efforcer de le faire. Il ne doit pas manquer l'occasion. Au jour du Jugement Dernier, tous les musulmans seront interrogés à ce sujet et on leur demandera pourquoi ils n'ont pas servi l'Islâm. Ceux qui ne s'efforcent pas de répandre les livres enseignant l'Islâm et ceux qui ne contribuent pas aux personnes ou aux institutions, aux établissements diffusant la science religieuse seront violemment châtiés; ni excuse, ni prétexte ne seront admis. Les Prophètes "'alaihimu's-salâm" n'ont jamais pris leurs aises, encore qu'ils soient les plus élevés et les plus précieux des êtres humains. Au contraire, ils se sont efforcés jour et nuit de disséminer la religion d'Allah, Le Tout Puissant, et la voie de la béatitude infinie. A ceux qui leur demandaient des miracles, ils disaient: **"C'est Allâh, Le Très-Haut, qui crée les miracles. Notre tâche est de transmettre, communiquer la religion d'Allâhu ta'âlâ".** Comme ils travaillaient dans ce but, Allâhu ta'âlâ les aidait et créait des miracles. Et nous pareillement, nous devons distribuer et disséminer les livres et les mots des savants Ahl sunna "rahimahum-Allâhu ta'âlâ" et informer et aviser les jeunes gens et nos frères de l'ignominie, de la bassesse, de la méchanceté et des mensonges des incrédules, des mécréants, des ennemis, de ceux qui calomnient et qui font souffrir les musulmans. [Faire ça, ce ne serait pas de médisance (ghiba), au contraire, c'est al-amr bi'l-ma'rouf]. Celui qui n'emploie pas son pouvoir, sa fortune, son métier à exécuter ce but n'échappera pas au supplice. Des souffrances, des tourments subis en travaillant dans ce but doivent être considérés comme des bénéfices, des bénédictions. Les prophètes "'alaihimu 's-salâm" subissaient des attaques des dégénérés, des ignorants pendant qu'ils révélaient les ordres d'Allah, Le Tout Puissant. Ils souffraient beaucoup. Muhammad "'alaihi 's-salâm", le bien-aimé, l'élu, le choisi d'Allâhu ta'âlâ parmi ces vertueux grands, a dit: **"Aucun Prophète n'a autant souffert que moi."** La traduction faite de **Maktûbât** s'achève ici.

[Chaque Musulman doit apprendre la croyance et la foi Ahl sunna et l'enseigner aux gens auprès desquels il a de l'influence et du crédit. On doit rechercher et acheter des livres, des magazines et des journaux relatant les propos des savants Ahl sunna et les envoyer aux jeunes gens et aux personnes de connaissance. Nous devons nous efforcer afin qu'ils les lisent. On doit distribuer aussi des livres qui dévoilent les coulisses des personnages islamophobes].

Les savants Ahl sunna qui montrent le droit chemin à tous les Musulmans sur la Terre et qui sont les maîtres-guides des Musulmans en l'apprentissage correct de la religion de Muhammad "'alaihi's-salâm", sans aucune modification, aucune altération, sont les savants élevés au rang d'ijtihâd en quatre écoles (madhab) de l'Islâm. Les plus éminents parmi eux, sont les quatre grands personnages; le premier est **Imâm al-a'zam Abû Hanîfa Nu'man ibn Thâbit** "rahima-hullahu ta'âlâ". Il est l'un des plus grands savants de l'Islam. Il est le guide d'Ahl sunna. Sa biographie est écrite en détail dans nos livres **"La voie Ahl sunna"** et **"Endless Bliss"**. Il naquit à Kûfa en 80 de l'Hégire (en 699) et il fut martyrisé à Baghdad en 150 de l'Hégire [en 767].

Le second est le grand savant **Mâlik ibn Anas** "rahima-hullahu ta'âlâ". Il est né à Médine en 90 de l'Hégire et il y décéda en 179 [en 795]. Il est écrit dans le livre d'Ibn Âbidîn qu'il a vécu quatre-vingt-neuf ans. Son grand-père était Mâlik bin Abî Âmir.

Le troisième est **Muhammad ibn Idrîss Châfi'i** "rahima-hullahu ta'âlâ", le bien-aimé des savants de l'Islam, né en 150 de l'Hégire à Gaza- Palestine et décédé en Egypte en 204 de l'Hégire [en 820].

Le quatrième, **Ahmad ibn Hanbal** "rahima-hullahu ta'âlâ", né à Baghdad en 164 de l'Hégire et y décédé en 241 [en 855] est le pilier de l'édifice de l'Islam; (rahmatullah alaihim ajma'în).

Quiconque ne connait pas, ne respecte pas, autrement dit ne suit pas aujourd'hui l'un de ces quatre grands Imâms est en grand danger. Il est dans l'hérésie; il s'est égaré du droit chemin. A part eux, il y avait plusieurs savants Ahl sunna qui avaient à la fois des droits madhabs. Mais dans le cours du temps, leurs madhhabs ont été oubliées. Elles n'ont pas pu être enregistrées ou rédigées dans les livres. Par exemple on trouve parmi ceux-ci les sept grands savants, à Médine, appelés **"al-Fuqahâ'as-sab'a"** tels que **'Umar ibn 'Abd al-'Azîz, Sufyân ibn 'Uyaina**[1]**, Is'haq ibn Râhawah, Dâwûd at-Tâ'î, 'Âmir ibn Sharâhil ash-Sha'bî, Laith ibn Sa'd, 'A'mash, Muhammad ibn Jarîr at-Tabarî, Sufyân ath-Thawrî** [*décédé en 161 [en 778] à Bassra*] et **'Abd ar-Rahmân Awzâ'î** (rahimahum-Allâhu ta'âlâ).

---

[1]   Sufyân ibn Uyaina est décédé en 198 [en 813] à la Mecque

Tous les Compagnons (Sahâbat al-kirâm) "radiallahu ta'âlâ 'anhum ajma'în" étaient justement et légitimement des étoiles de la hidayah (de la guidance, du droit chemin). Chacun d'eux était capable tout seul de mettre tout le monde sur le bon chemin. Ils étaient tous des mujthahids; chacun était dans sa propre madhhab. La madhhab de plusieurs parmi eux était toute semblable. Mais, comme ces madhhabs n'étaient pas écrites dans les livres, il ne nous était pas possible de les suivre. Ceux que les Imâms de quatre madhhabs nous ont transmis au sujet de leur madhhab, c'est à dire ce à quoi il faut croire et faire, ont été recueillis, rassemblés et expliqués par eux-mêmes ou par leurs disciples. Tous ceux-ci furent transcrits dans les livres. A présent, chaque musulman doit suivre la madhhab de l'un de ces quatre Imâms et vivre et pratiquer la religion conformément à la madhhab qu'il suit. [Quiconque ne voudrait suivre aucune de ces quatre madhhabs, il ne serait pas d'Ahl al sunnah (les gens de la Sunna). Voir le chapitre "Introduction"].

Parmi les disciples de ces ces quatre Imâms, les deux avaient été élevés à un niveau supérieur en publication des sciences de la foi. Il y a eu ainsi deux madhhabs en croyance, en foi. La foi correcte en conformité avec le Qur'ân al-karîm et les hadiths bénis est seulement cette foi expliquée par ces deux. Ce sont ces deux qui ont répandu sur la terre les sciences cognitives de la foi Ahl al sunnah qui est le groupe de salut (al-firqa al-najiya). L'un de ceux-ci était **Abu 'l-Hasan al-Ash'arî** (rahimah-Allâhu ta'âlâ), né à Basra en 266 de l'Hégire (en 879) et décédé à Baghdad en 330 (en 941). L'autre était **Abu Mansûr al-Mâturîdî** (rahimah-Allâhu ta'âlâ), décédé à Samarkand en 333 (en 944). Chaque musulman doit suivre l'un de ces deux grands İmâms au sujet de la croyance.

Les voies (turuq) de l'awliyâ sont droites. Elles n'ont pas la moindre divergeance ou une incompatibilité avec l'Islâm. [A chaque époque, il y avait des menteurs et des aberrants, des pervers qui faisaient la religion un moyen pour leurs profits mondains et qui se sont montrés en guise de walîy, murchid ou des autorités religeux pour obtenir des biens, de la fortune ou un poste. Aujourd'hui aussi, il y a des méchants dans chaque institution, dans chaque métier et dans chaque poste. En voyant ceux qui cherchent leurs profits et leurs plaisirs dans les pertes des autres, cela serait injuste et ignorance de diffamer tous les métiers et les gens où ils se sont impliqués et amalgamés. A la fois, cela serait aider les défaitistes. C'est la raison pour laquelle, l'existence des faux religieux, des cafards, des sectaires ignorants ne devrait pas un motif de baver sur ulamâ, les savants en Islâm, sur les grands de tasawwuf (soufisme) et hautes personnalités dont les services se trouvent dans pages honorables de l'histoire. On devrait savoir que ceux qui le font sont injustes]. Awliyâ possèdent des prodiges (karâmat). Tous leurs karâmats sont vrais et droits (haqq). Imâm al Yâfi'î[1], le grand savant, dit: "Les karâmats (prodiges, merveilles) de "Ghawth us-thaqalain mawlânâ 'Abd al-Qâdir al-Jîlânî[2] (qaddas-Allâhuta'âlâ sirrahu'l-azîz) étaient tellement transmis de bouche en bouche qu'il était impossible de ne pas y croire. Car, la **tawâtur** (transmission d'une façon successive par de nombreuses personnes) est à la fois une preuve authentique et fiable."

Au contraire des rumeurs, il n'est jamais permis d'appeler comme infidèle, mécréant quelqu'un qui pratique les prières rituelles de salât, à moins qu'on n'ait entendu prononcer ouvertement une parole ou utiliser un mot sans obligation, sans une contrainte qui cause son infidélité. On ne peut pas prononcer une malédiction contre lui, à moins qu'on ne sache qu'il est mort comme mécréant. D'ailleurs, il n'est permis (jâiz) non plus de maudire, de prononcer une malédiction contre un mécréant. C'est pourquoi, il est préférable de ne pas maudire Yazîd]

5– La cinquième de six prescriptions fondamentales auxquelles il faut croire, c'est: **"Croire à l'autre monde et au jour du Jugement Dernier"**. Le début de l'autre monde est le jour où l'homme meurt; il dure jusqu'à la fin du "Jugement dernier". On l'appelle le dernier jour parce qu'après, il n'y a plus de nuit, et parce qu'il vient après la vie terrestre. Le jour indiqué dans le hadith béni n'est pas comme le jour ou la nuit que nous connaissons. Il dénote un temps. Le jour du Qiyama n'a pas été révélé. Personne ne connait, ni ne peut prévoir l'arrivée de ce jour. Cependant, notre Prophète (sallallahu alaihi wa sallam) a annoncé et prédit ses nombreux signes et ses débuts: Hadrat al-Mahdî viendra, Hadrat Îsâ "'alaihi 's-salâm" descendra du ciel à Damas, le Dajjâl apparaîtra; des gens appelés Ya'jûj et Ma'jûj (Voir Glossaire) agiteront le monde; le soleil se lèvera à l'ouest; des violents séismes se produiront; les connaissances religieuses seront oubliées; le vice et la perversité s'accroîtront; les gens irréligieux, immoraux, malhonnêtes seront des dirigeants. L'exécution des commandements d'Allâhu ta'âlâ

[1] Abdullah Yâfi'î est décédé en 768 de l'Hégire [en 1367] à La Mecque.
[2] 'Abd al-Qâdir al-Jîlânî est décédé en 561 [en 1161] à Baghdad.

sera entravée. Les harâms (actes et choses interdits par la religion) seront commis partout. Un feu sortira du Yémen. Les cieux et les montagnes seront morcelés; le soleil et la lune s'obscurciront; les mers se mêleront l'une à l'autre, elles bouilliront et s'assècheront.

Les musulmans qui vivent dans les péchés sont appelés **fâsiq** (pervers). Les pervers et les mécréants auront des châtiments dans la tombe. Ce sont des matières à exactement et certainement croire. Dès qu'une personne décédée aura été enterrée, elle y ressuscitera, il revivra d'une vie inconnue et ou elle y sera bénie, à l'aise ou au supplice, à la torture. Les hadiths sharîf déclarent clairement que deux anges nommés **"Munkar"** et **"Nakîr"** viendront en guise de deux hommes horribles à sa tombe et l'interrogeront. Selon plusieurs savants, l'interrogation tombale sera sur le crédo Musulman total ou partiel; c'est-à-dire, elle sera sur tous les fondements de foi ou sur certains fondements qui englobent la foi. [C'est la raison pour laquelle, nous devons enseigner à nos enfants les réponses de ces questions: "Qui est ton Seigneur (Rabb)? Tu es de quelle religion? Du quel umma (du quel peuple, de quelle communauté de quel Prophète) que tu es? Quel est ton livre sacré? Où est ton qibla? Quelle est ta madhhab en foi et en 'amal (en culte, en actes)? ". Il est écrit dans le livre **"Tadhkirat al-Qurtubî"**[1] que les gens qui ne sont pas d'Ahl al-Sunna ne réussiront pas à répondre correctement à ces questions.] Les tombes de ceux qui réussissent à les répondre précisément seront élargies. Une fenêtre s'y ouvrira sur le Paradis. Tous les matins et tous les soirs, elles verront leur place au Paradis et les anges les combleront de bienfaits et leur donneront de bonnes nouvelles. Ceux qui n'auront pas pu répondre bien seront battus avec des maillets de fer si fort que toutes les créatures, sauf les hommes et les génies, les entendront pousser des cris. La tombe de ceux-ci sera si rétrécie qu'elle les resserra comme si leurs os seraient entrelacés. Un trou sera ouvert vers l'Enfer. Le matin et le soir ils verront leur place en Enfer. Ils seront torturés amèrement dans la tombe jusqu'à la Résurrection.

Il faut absolument croire au retour de la mort à la vie, à la résurrection après la mort. Après que les chairs et les os seront

---

[1] Muhammad Qurtubî Mâlikî, l'auteur du livre **"Tadhkirat al-Qurtubî"** est décédé en 671 de l'Hégire [en 1272]. Le livre intitulé **"Mukhtasaru Tadhkirat al-Qurtubî"** écrit par 'Abd al-Wahhâb ash-Sha'rânî a été publié de nouveau par Hakîkat Kitâbevi (Librairie Hakîkat) en 1421 de l'Hégire (en 2000).

décomposés et réduits en terre et en gaz, ils seront recréés et les esprits se rejoindront leurs propres corps; tout le monde ressuscitera, se relevera de sa tombe. C'est pour cela que ce temps est appelé **"le jour du Qiyâmat"** (jour de Résurrection).

[Les plantes utilisent le dioxyde de carbone (CO_2) de l'air et l'eau (et des sels minéraux) du sol. A la fin de cette absorption et d'un processus d'une combinaison, elles produisent ainsi des substances organiques, la matière vitale de nos organes. On sait aujourd'hui qu'une réaction chimique durant des années survient immédiatement, en moins d'une seconde, quand on utilise un **"catalyseur"**. Pareillement, Allah Le Tout Puissant combinera l'eau, le dioxyde de carbone et des substances minérales, dans la tombe, et IL créera en un moment des substances organiques et des organes vivants. Mukhbir al-sâdiq (Le Vrai Annonciateur - sallallahu alaihi wa sallam) rapporte que nous ressusciterons de cette manière. Et la science démontre d'ailleurs que c'est fait déjà dans le monde].

Toutes les créatures vivantes se rassembleront dans le lieu de Rassemblement **(Al-Mahchar)**. Les livres des actes des gens où sont inscrites toutes leurs bonnes ou mauvaises œuvres sont individuels et on les leur remettra chacun en volant à son propriétaire. Et c'est Allâhu ta'âlâ, le Tout Puissant, le Créateur de la terre, des cieux, des atomes et des étoiles qui fera tout cela. Le messager d'Allâhu ta'âlâ "sall-Allâhu ta'âlâ 'alaihi wa sallam" a rapporté que tout cela arriverait. Il est certain que tout ce qu'il dit est vrai. Tout ce qu'il a dit aura certainement lieu.

Les livres des actes, autrement dit, livres des comptes des bons, des sâlih (pieux, gens de bonnes œuvres) leur seront remis en leur droite; les pervers, les méchants (fâsiq) les auront de leur gauche ou de leur dos. On verra que tous les actes, bons ou mauvais, grands ou petits, faits en cachette ou ouvertement étaient enregistrés dans ce livre. Même les actes inconnues par les anges **"Kirâman Kâtibîn"** seront révélés par le témoignage des organes humains ou par Allâhu ta'âlâ qui sait tout; donc, tout le monde aura des comptes à rendre, le jugement (hisâb), tout le monde sera interrogé de tous ses actes. A la Résurrection, au Jour du Jugement Dernier tout ce qui est secret sera révélé si Allahu ta'âlâ le veut. Les anges seront interrogés sur ce qu'ils ont fait sur la terre et dans les cieux, les Prophètes "salawâtullahi taâlâ wa taslimâtuhu ajma'în" sur la façon de communiquer les commandements d'Allâhu ta'âlâ à Ses serviteurs humains; et les hommes seront interrogés sur leur observation, respect et obéissance aux

Prophètes, aux Envoyés, sur l'exécution des devoirs commandés et sur leur observation et respect aux droits des uns des autres. Au Jugement Dernier, ceux qui ont la foi, de bonnes œuvres et de bonnes mœurs recevront des récompenses et des grâces, mais ceux qui ont le mauvais comportement, de mauvaises œuvres recevront des châtiments sévères.

Avec Sa grâce et Sa faveur, Allâhu ta'âlâ pardonnera tous les péchés, petits ou majeurs des croyants qu'IL veut; s'IL le veut, IL pardonnera tout le péché sauf l'associationnisme (chirq) et la mécréance (kufr); s'IL le veut, IL châtiera avec Sa justice même pour des petits péchés. IL déclare qu'IL ne pardonnera jamais celui qui est mort comme mécréant et polythéiste. Les infidèles avec ou sans livres sacrés, c'est à dire ceux qui ne croient pas que Muhammad alaihisslâm était le Prophète envoyé à toute l'humanité, ceux qui n'approuvent non plus l'un des préceptes (commandements et interdictions) qu'il a communiqué seront certainement mis en Enfer et y châtiés éternellement s'ils meurent dans cet état-là.

Au Jour du Jugement Dernier, il y aura **"al-mîzân"** (une balance inconnue) où seront pesées les bonnes et mauvaises actions. Le plateau de cette balance est si large que la terre et le ciel pourraient à peine couvrir un bassin. Le plateau de bonnes actions est lumineux et situé à la droite de l'Arche, du côté de Paradis; le plateau de mauvaises actions est sombre et il est à la gauche de l'Arch, là il y a l'Enfer. Les actes accomplis, les paroles, les pensées, les regards, tout fait dans le monde, se formeront là-bas, les bonnes œuvres paraîtront brillantes, les mauvaises actions paraîtront obscures et affreuses; elles seront pesées dans cette balance. Ce mîzân, cette balance n'est pas comme celles de ce monde. Il est dit que le bassin lourd des plateaux monte et celui qui est léger descend. Selon nombreux savants "rahima-humullahu taâlâ", il y aura de nombreuses balances. Et beaucoup d'autres entre eux ont dit qu'il n'a pas été indiqué dans la religion comment et combien elles seraient et qu'il vaudrait mieux de ne pas y penser, autrement dit, en imaginer ou configurer.

Il y aura un pont appelé **"Sirât"**. C'est un pont surplombant l'Enfer et amenant au Paradis. Sur l'ordre d'Allah Le Tout Puissant, le pont de Sırât sera mis au-dessus de l'Enfer. On ordonnera à tout le monde de traverser ce pont. Ce jour-là tous les Prophètes supplieront et diront: "Ô Seigneur! Accorde-nous du salut!". Ceux qui ont le droit d'aller au Paradis, entreront dans le Paradis après avoir franchi facilement le pont. Certains parmi ceux-ci le traverseront d'une vitesse de l'éclair, certains comme le vent et certains comme un cheval au galop. Le pont de Sirât est plus fin qu'un poil et plus tranchant qu'un glaive. Vivre en se conformant à l'Islâm dans ce monde, c'est pareil. Tenter d'observer d'une manière exacte l'Islâm, c'est comme traverser le pont de Sırât. Ceux qui endurent ici bas les difficultés de la lutte contre l'âme charnelle (nafs), contre leurs désirs sensuels traverseront là-bas facilement le pont de Sırât. Ceux qui ne respectent pas les préceptes de l'Islâm, ceux qui sont esclaves de la sensualité passeront le Sirât avec grande difficulté. C'est pourquoi Allâhu ta'âlâ a donné le nom **"Sirât al-mustaqîm"** à la voie droite qu'indique l'Islâm. Cette similitude dans les noms montre que l'existence dans le chemin de l'Islâm, c'est comme franchir le pont de Sirât. Ceux qui méritent l'Enfer ne pourront pas traverser le Sirât et ils tomberont en Enfer.

Il y a un **"Bassin de Kawsar"** (Hawd al-Kawsar) réservé à notre Prophète Muhammad Mustafâ "sallallahu alaihi wa sallam". Il s'étend, de longueur, sur une distance d'un mois de voyage de même que sa largeur; son eau est plus blanche que le lait et plus savoureuse que le miel; son arôme est plus agréable que le musc. Ses coupes sont équivalentes aux étoiles dans le ciel dans leur nombre et leur clarté; celui qui en boira une gorgée ne ressentira plus jamais la soif même s'il est en Enfer.

"Shafâ'a" "Intercession" est vraie et elle aura lieu. Les Prophètes, les wâlis, les saints, les croyants pieux, les anges et les personnes de Son choix à qui Allahu ta'âlâ a accordé ce droit intercéderont en faveur des croyants qui sont morts sans le repentir, afin que leurs petits et grands péchés soient pardonnés. Et ces intercessions seront admises. [Notre Prophète "sall-Allâhu ta'âlâ 'alaihi wa sallam" déclare: "J'aurai l'intercession (chafâ'a) en faveur de ceux qui ont des péchés majeurs parmi mon umma"]. A la Résurrection, il y aura cinq sortes d'intercession (chafâ'a):

Premièrement: Au Jour du Jugement Dernier, les pécheurs devenus épuisés, las à cause de la cohue et d'une trop longue attente, lamenteront, gémiront et demanderont que le Jugement soit rendu aussitôt que possible. Il y aura de l'intercession pour ceux-ci.

Deuxièmement: il y aura de chafâ'a (intercession) pour les interrogatoires faciles et rapides.

Troisièmement: il y aura de chafâ'a pour les croyants pécheurs afin qu'ils ne tombent pas du Sirât en Enfer et qu'ils puissent être sauvés de son supplice.

Quatrièmement: il y aura de chafâ'a pour faire sortir de l'Enfer les croyants dont les péchés sont nombreux.

Cinquièmement: il y aura d'innombrables faveurs au Paradis et c'est la demeure éternelle. Cependant, le Paradis a huit portes et elles ont des grades différents auprès d'Allahu ta'âlâ. Les grades des croyants aussi seront différents selon la quantité de leur foi et de leurs actes. Il y aura aussi l'intercession pour la l'élévation des grades des gens de Paradis.

Maintenant, le Paradis et la Géhenne existent. Le Paradis est au-dessus du septième ciel. La Géhenne est au-dessous de tout. Il y a huit Paradis et sept Enfers. Le Paradis est plus grand que la Terre, le soleil et les cieux. Et l'Enfer est plus grand que le soleil.

6– La sixième prescription fondamentale de l'iman (de la foi) est de **"Croire au destin (**qadar**), c'est à dire que le bien (**khair**) et le mal (**sharr**) sont tous la création d'Allâhu ta'âlâ, par Sa prédestination, selon Sa volonté"**. Le bien et le mal, l'avantage et le dommage, le profit et la perte, tout ce qui survient aux êtres humains sont tous par la prédestination d'Allah Le Tout Puissant. Le mot **"Qadar"** signifie lexicalement la valeur, la mesure, le mérite, le décret, le commandement. Qadar signifie aussi la grandeur et la plénitude. La volonté d'Allâhu ta'âlâ dans la pré-éternité sur l'existence de quoi ce soit est appelée Qadar (la prédestination). Et l'exécution de cette prédestination est appelée **"Qadâ"**. Les mots Qadâ et Qadar sont utilisés aussi identiquement. Ainsi, al-**qadâ** signifie l'arrêt divin, la connaissance antérieure par laquelle Allahu ta'âlâ a décidé de toute éternité sur toute chose, sur toute occurrence à être créée de la pré-éternité à la post-éternité. Et cette création de toute chose (et de tout ce qui arrive) compatible avec qadâ, ni plus ni moins, est appelée al-qadar. Allâhu ta'âlâ savait de tout éternité et depuis la prééternité tout ce qui arriverait. Cette omniscience d'Allahu ta'âlâ est **"qadâ wa kadar"** (Arrêt (divin) et la prédestination). Les anciens philosophes grecs l'ont appelé "al-'inâyat al-azaliyya" (providence éternelle). Tous les êtres sont produits de cette prédestination. L'existence des choses en conformité avec Sa science dans la pré-éternité est aussi "qadâ et qadar"; c'est-à-dire qu'elles existent par la création d'Allâhu ta'âlâ, selon Sa volonté et par Sa prédestination. Il faut bien savoir et croire pour avoir la foi au destin que si Allâhu ta'âlâ a voulu et prédestiné depuis la pré-éternité qu'IL créerait une chose, il faut que cette chose doit exister telle qu'IL l'a voulue, ni plus ni moins. Il est impossible que les choses dont IL a voulu l'existence soient inexistantes et que celles dont IL a voulu l'inexistence ou la non-existence puissent exister.

L'existence ou l'inexistence de tout, de tous le animaux, de toutes plantes, de tous les êtres inanimés [tous les mouvements de toutes les substances solides, liquides, gazeuses, de toutes les étoiles, de toutes les molécules, de tous les atomes, de tous les électrons, de toutes les ondes électromagnétiques , en bref tous les mouvements de tous les êtres, les phénomènes physiques, les réactions chimiques, les réactions nucléaires, les rapports d'énergie, les activités physiologiques chez les êtres vivants], les bonnes et mauvaises actions des créatures humaines, les châtiments pour les mauvaises actions dans le monde et dans l'autre monde et tout étaient déterminés, prédestinés depuis la pré-éternité dans la science d'Allâhu ta'âlâ. IL connaissait tout de toute éternité. IL crée en conformité avec Sa prédestination prééternelle toutes les choses, les particularités, les évolutions, tous les phénomènes, tous les mouvements et tous les événements depuis la pré-éternité jusqu'à la post-éternité. C'est Allahu ta'âlâ qui crée tous les bons et mauvais actes des êtres humains, leurs croyances en Islâm ou leurs incrédulités, toutes leurs actions volontaires ou involontaires. C'est Lui seul qui crée, qui fait. C'est Lui seul qui crée tout ce qui parvient par le moyen d'une ou des causes (sabab, pl.: asbâb, qui signifie raison, cause, moyen, motif, occurrence). IL est aussi le créateur de la cause (sabab). **"IL crée tout par une cause (sabab)"**.

Par exemple, le feu brûle. Mais en réalité, celui qui brûle c'est Allâhu ta'âlâ. Car, c'est Lui qui crée le brûlage. Le feu n'a aucun rapport avec le brûlage. Mais Son principe, Sa règle est telle qu'IL ne crée pas le fait de brûlage à moins que le feu ne touche quelque chose. [Le feu ne fait que réchauffer jusqu'à une température d'ignition. Ce n'est pas le feu qui réalise la combinaison du carbone et de l'hydrogène des substances organiques avec l'oxygène et qui fournit l'échange d'électrons. Des gens incapables croient que c'est le feu qui fait tout ça. En vérité, ce n'est pas le feu, ni l'oxygène ni la chaleur ou la température, ni le transfert des électrons qui provoquent la combustion et qui réalisent le brûlage. C'est seul Allah Le Tout Puissant qui crée le fait de brûlage. Il les a créés tous comme causes pour la combustion, pour le brûlage. Celui qui ignore ce fait, en d'autres termes, l'ignorant croit que c'est le feu qui brûle ou qui est comburant. Celui qui a terminé l'école primaire n'utilise pas cette expression, mais il dit que c'est l'air qui brûle, qui est comburant. Celui qui a étudié l'école secondaire ne l'approuve pas et il dit que c'est l'oxygène de l'air qui brûle ou qui est comburant. Celui qui a étudié le lycée dit que le fait de brûlage n'est pas particulier à l'oxygène et que tout élément attirant un électron est comburant. Quant à l'étudiant de l'université, il compte aussi l'énergie avec la matière. On voit qu'on s'approche plus de la vérité de la chose au fur et à mesure que la science progresse, et qu'on découvre qu'il y a de nombreuses causes derrière les choses prises comme causes. Les Prophètes "alaihimussalâm" (Que la paix et le salut soient sur eux) qui étaient au plus haut degré de la science, du savoir et de l'entendement de la vérité et 'ulamâ' (les savants) "rahima-humullahu taâlâ" qui ont suivi leurs traces et qui ont goûté des gouttes de l'océan de science ont rapporté que chacune des choses supposées aujourd'hui comme comburantes ou constructeurs n'était qu'un moyen ou une créature impuissants, incapables et que le vrai créateur, le vrai constructeur est Allah Le Tout Puissant, non les causes]. Seul Allâhu ta'âlâ est le créateur du fait de brûlage, le vrai comburant. IL peut brûler aussi, s'IL le veut, sans feu. Mais, brûler par le feu, c'est de Sa règle, de Sa loi divine. S'IL ne voudrait pas brûler, IL pourrait ne pas brûler dans le feu non plus. IL n'a pas brûlé ainsi Ibrâhîm "'alahissalâm" dans le feu. IL a annulé sa loi, son principe parce qu'IL l'aimait beaucoup. [Pareillement, IL a créé aussi des corps et des substances incomburants préventifs ou qui empêchent le feu de brûler. Et les chimistes découvrent ces substances].

Si Allah Le Tout-Puissant le voulait, IL pourrait tout créer sans causes (sabab). IL pourrait créer le fait de brûlage sans feu. IL pourrait nourrir sans nourriture, sans manger. IL pourrait faire voler sans avion. IL pourrait faire entendre d'une longue distance sans radio. Mais, IL a basé Sa création sur une cause en accordant des faveurs et des bienfaits à Ses créatures humaines. IL a voulu créer certaines choses par des causes déterminées. IL a recouvert Ses créations sous les causes. IL a voilé Son pouvoir sous les causes. Celui qui veut qu'IL crée une chose se tient aux causes et l'obtient. [Celui qui veut allumer une lampe utilise des allumettes. Celui qui veut fabriquer de l'huile d'olive se sert d'un triturateur et d'une presse. Celui qui a mal à la tête prend une aspirine. Celui qui veut aller au Paradis et atteindre des faveurs infinies se conforme à l'Islâm. Celui qui tire sur soi meurt. Celui qui boit du poison meurt. Celui qui boit de l'eau quand il est en transpiration tombe malade. Celui qui commet des péchés et qui perd sa croyance va en Enfer. Celui qui essaie de s'adresser vers une cause, il obtient la chose pour laquelle cette cause est rendue un moyen. Celui qui lit les ouvrages islamiques apprend l'Islâm, il l'aime et il devient musulman. Celui qui vit parmi les irréligieux et qui acquiert une formation intellectuelle profane devient un ignorant en religion. Et la plupart des ignorants en religion devient mécréant, incrédule. Celui qui monte dans le véhicule d'une destination, il va là].

Si Allâh Le Tout Puissant n'avait pas créé Ses actes, Sa volonté par des causes, personne n'aurait besoin de personne. Tout le monde aurait tout demandé directement à Lui et personne n'aurait eu recours à rien. Par suite, il n'y aurait point de relations humaines et sociales entre des gens ni celles d'entre l'employeur, l'employé, maître, élève, directeur, fonctionnaire, etc. et ainsi l'ordre de ce monde et de l'autre serait désordonné. Il n'y aurait aucune différence entre bon et mauvais, bien et mal, obéissant et désobéissant.

Si Allâhu ta'âlâ le voulait, Il voudrait déterminer Ses lois d'une autre façon. IL pourrait créer tout selon cette autre Volonté. Par exemple, s'IL le voulait, IL pourrait mettre les mécréants, les luxurieux, les tyrans, les cruels, les imposteurs au Paradis. Et IL pourrait jeter les croyants, les pieux, les bons en Enfer. Mais les âyats et les hadîths sharîf démontrent que Sa Volonté n'était pas comme ça.

C'est Lui qui crée tous les actes, tous les gestes volontaires ou involontaires des êtres humains. IL a créé **la faculté de choisir** (ikhtiyâr, **le libre choix**) et la **"volonté"** (irâda) chez Ses créatures humaines pour qu'IL crée leurs actes et gestes facultatifs. Et pour qu'IL les crée IL les a rendues ainsi des causes. Quand un serviteur humain veut faire quelque chose, en d'autres termes, quand il veut effectuer un choix, Allah Le Tout Puissant la crée s'IL le veut aussi. De même, si le serviteur ne le veut pas, Allâhu ta'âlâ ne le crée pas s'IL ne le veut non plus. Mais une chose n'est pas créée seulement sur la volonté du serviteur humain. IL la crée s'IL la veut aussi. Sa création des actes volontaires de Ses serviteurs, c'est comme Sa création du fait de brûlage lorsque le feu touche quelque chose et comme ne pas créer le brûlage si le feu ne touche rien. Quand le couteau touche quelque chose, IL crée le coupage; mais celui qui coupe, ce n'est pas le couteau, c'est Lui qui coupe. Le couteau est ici une cause (sabab); c'est une cause déterminée par Lui pour effectuer l'action de couper. Donc, IL crée les actes facultatifs de Ses serviteurs à cause de leurs choix, de leur volonté.

Mais les changements, les variations dans la nature ne dépendent pas de choix des serviteurs humains. Ils sont créés seulement par la volonté d'Allâhu ta'âlâ, sous les autres causes (sabab) et quand IL le veut. C'est Lui seul qui crée toutes les particularités, toutes les propriétés, toutes les substances, tous les mouvements de tout, des soleils, des particules, des molécules, des gouttes, des cellules, des microbes, des atomes. Il n'y a d'autre créateur que Lui. Toutefois, il y a une différence entre les mouvements des matières inanimées et les actes facultatifs des êtres humains et des animaux: quand les êtres humains veulent ou choisissent faire quelque chose, IL la crée en les faisant agir s'IL la veut aussi. L'acte de l'être humain (du serviteur) n'est pas en son pouvoir. Même, il ne sait pas comment il agit. [Chaque acte de l'homme résulte d'innombrables faits physiques et chimiques] Il n'y a pas de "libre choix" dans les actes des matières inanimées. Si le brûlage est créé au contact du feu, ce n'est pas parce que le feu a le choix ou la volonté.

[Allah le Tout Puissant veut aussi et crée les bons et utiles vouloirs de Ses serviteurs qu'IL aime et de qui IL a pitié. Mais, IL ne veut et ne crée pas les mauvaises et nocives demandes de lesdits serviteurs. Ces serviteurs-là effectuent toujours de bons actes, bonnes œuvres. Mais, ceux-ci regrettent de ne pas avoir eu la réalisation de leurs vouloirs. Or, s'ils comprenaient, s'ils jugeaient que ces demandes n'ont pas été créées parce qu'elles étaient désavantageuses, ils ne regretteraient jamais. Au contraire, ils s'en réjouiraient et remercieraient Allahu ta'âlâ. En fait, IL a voulu et de toute éternité qu'IL créerait les actes facultatifs des humains après la disposition, le choix et la volonté dans leurs âmes. S'IL ne l'avait pas voulu de toute éternité, IL créerait alors, de force et contre le gré de nous, tous nos actes volontaires. S'IL crée à la suite de notre choix et notre volonté, c'est parce qu'IL l'a voulu de toute éternité. Donc, nos actes facultatifs sont créés de toute éternité par Sa volonté et Sa volonté domine tout].

Les actes volontaires des serviteurs proviennent de deux circonstances: la première, c'est du choix, de la volonté et de la disposition ou de la force d'âme du cœur du serviteur humain. C'est pourquoi les actes de l'homme sont appelées **"acquisivité"** ou **"acquisition"**. L'acquisition est l'attribut de l'homme. Deuxième, c'est par la création, par faire exister par Allah Le Tout Puissant. S'IL commande, interdit, récompense et châtie, c'est parce que l'être humain a l'acquisition. Le sens du quatre vingt seizième âyat (verset) de sourâte **"Sâffât"** est: **"Le Tout Puissant vous a créé, vous et ce que vous œuvrez"**. Cet âyat montre à la fois que les hommes ont l'acquisition et le **"libre arbitre"** (irâda juziya). Il démontre clairement qu'il n'y a pas de contrainte. C'est pourquoi, il est dit **"œuvre humaine"**. Par exemple, on dit: Ali a frappé, Ali a cassé. Tout ceci signifie que toute chose est créée par prédestination d'Allahu ta'âlâ. En d'autres termes, tout est créé par la création d'Allahu ta'âlâ, selon la volonté d'Allahu ta'âlâ et par Sa prédestination **(qadâ' wa qadar)**.

Pour la création ou l'exécution de l'œuvre humaine, de l'acte du serviteur humain, il faut d'abord le choix et la volonté du cœur de l'être humain. L'être humain, autrement dit le serviteur humain veut dans les limites de sa puissance. Cet effort et le vouloir sont appelés **"acquisition"** (kasb). Le défunt Âmidî dit que cette acquisivité provoque et produit un effet sur la création des actes. Et si on dit que cette acquisition n'a pas d'effet sur la création d'un acte facultatif, ça aussi n'est pas faux. Car, l'acte créé et l'acte choisi sont identiques. Donc, l'être humain ne peut pas faire tout ce qu'il veut. Une chose qu'il ne voulait pas peut être créée quand même. Si tout ce que le serviteur veut se réalise ou tout ce qu'il ne veut pas ne se réalise pas, ce n'est pas alors les cas d'être la créature, d'être le serviteur. C'est prétendre la divinité, réclamer la divinité. Le Tout Puissant ayant pitié et donné des faveurs à Ses serviteurs humains avec Sa Miséricorde et Sa grâce leur a donné la force et la puissance, c'est-à- dire assez d'énergie afin qu'ils obéissent à Ses commandements et à Ses interdictions. Par exemple, un croyant qui a assez de santé et d'argent peut faire le pèlerinage une fois dans sa vie. Il peut jeûner un mois par an quand on voit la lune de Ramadan dans le ciel. Il peut pratiquer les prières rituelles obligatoires de salât cinq fois par vingt quatre heures. Celui qui a de l'argent ou des biens dans la quantité de "niçâb" peut en donner un quarantième en or et en argent aux musulmans à la fin d'une année de l'hégire. Donc, l'homme peut faire ses actes facultatifs s'il le veut, et il ne le fait pas s'il ne le veut pas. On comprend par ici aussi la grandeur et la **souveraineté** d'Allâhu ta'âlâ. Comme les ignorants et les déraisonnés n'arrivent pas à comprendre ce que signifient la prédestination, la destinée, le choix humain, la volonté humaine, la faculté de l'être humain, en bref le sujet de qadâ et de qadar, ils ne croient pas aux explications faites par les savants Ahl sunna. Ils doutent de croire aux volontés, aux libres choix des serviteurs. Ils les prennent pour incapables et obligés. Ils diffament Ahl sunna du fait de l'absence de la faculté de choix des humains en ce qui concerne certains actes. D'ailleurs, ce jugement et attitude déraisonnables et défectueux de ceux-ci démontre qu'ils ont le libre choix et la volonté.

La faculté de faire ou ne pas faire quelque chose est appelée **"le Pouvoir"** (al-qudra). La faculté de choisir de faire ou ne pas faire quelque chose est appelée **"le libre Choix"** (al-ikhtiyâr). Vouloir exécuter un libre choix est appelé **"la Volonté"** (irâda). Admettre ou ne pas désapprouver quelque chose est appelé **"le consentement, l'agrément"** (al-ridâ). Quand la volonté et le pouvoir s'assemblent à condition qu'elle exerce un effet sur la réalisation d'un acte, c'est appelé **"la Création"** (khalq). S'ils s'assemblent sans effet, c'est alors **"Acquisition"** (kasb). Il ne faut pas que toute personne qui a le libre choix ait été un créateur. Pareillement, il ne faut pas de consentement pour tout ce qu'on a voulu. Allâhu ta'âlâ est appelé Créateur (khâliq) et Libre (moukhtâr). Et le serviteur est appelé "acquéreur" (kâsib) et "libre" (mokhtâr).

Allâhu ta'âlâ veut et crée les obéissances et les péchés de Ses serviteurs. Cependant, IL a le consentement pour l'obéissance. IL n'a pas de consentement pour les péchés. IL les déteste. C'est par la création d'Allahu ta'âlâ et selon la volonté d'Allahu ta'âlâ que tout entre en existence. Le cent deuxième âyat al-karîma de sourâte al-An'âm (Les Troupeaux) dit: **"Il n'est de dieu que Lui, seul Créateur de toute chose"**.

La secte **"Mu'tazila"**, étant incapable de saisir la différence entre la volonté et le consentement s'est abêtie. Selon cette secte, l'homme crée ses propres actions bonnes et mauvaises. Les Mu'tazila ont renié al-qadâ wa qadar (la prédétermination, le destin et la prédestination). Et la secte **"al-Jabriyya"** étant tout à fait dans la confusion, ils n'ont pas pu comprendre qu'on pourrait avoir le libre choix sans créer et ceux-ci ont dit que les œuvres de l'individu lui sont imposées (par Allah) sans que celui-ci n'ait de volonté, ni de capacité, d'où le fait qu'ils prétendent que quoi qu'ils fassent, ils ne seront pas jugés et ne sont aucunement responsables de leurs actes. Ils ont comparé l'homme à la pierre, au bois. Si l'homme n'avait pas de volonté et de libre choix et si Allahu ta'âlâ lui imposait de commettre des péchés et des actions mauvaises- comme les tenants de cette théorie affirment- il faudrait alors qu'il n'y ait aucune différence entre les mouvements d'un homme dont les pieds et les mains liés et qui dégringole de la montagne et ceux d'un homme qui descend de la montagne tout en contemplant le paysage et en faisant attention. La dégringolade du premier se réalise de force alors que la descente du deuxième est faite par la volonté et par le libre choix. Ceux qui ne peuvent pas saisir la différence entre ces deux actes sont certainement de courte vue. En plus, ils refusent de croire les âyat al-karîma. Ils mésestiment les commandements et les prohibitions d'Allâhu ta'âlâ. Croire que l'homme crée ses propres actions bonnes et mauvaises – comme le prétendent les Mu'tazila et la secte al-qadariyya- c'est renier l'âyat al-karîma **"C'est Allahu ta'âlâ qui crée tout"**, et à la fois, cela veut dire associer les gens comme créateur à Allâhu ta'âlâ.

Les Chi'ites aussi disent, comme les Mu'tazila, que l'homme crée lui-même ce qu'il veut et ils donnent comme preuve le cas de l'âne qui ne traverse pas le ruisselet bien qu'il reçoive des coups. Ils ne pensent jamais que si l'homme veut faire quelque chose mais si Allâhu ta'âlâ ne veut pas la créer, alors IL ne la crée pas. En somme, le contraire de la théorie de Mu'tazila se réalise. C'est –à-dire, l'homme ne peut pas faire ou créer tout ce qu'il veut. Si tout ce que veut l'homme arrive, comme ils le prétendent, alors, il fallait qu'Allâhu ta'âlâ soit incapable. Allâhu ta'âlâ est au-delà d'être incapable, IL en est exempt. Tout est déterminé selon Sa volonté. Il n'y a d'autre créateur que Lui. C'est Lui seul qui fait exister tout. C'est parce que la Divinité. Il est tout à fait détestable d'utiliser des expressions comme "l'homme a créé ceci, nous avons créé cela ou ils ont créé tout ça". Ça serait de la grossièreté, de l'impudence contre Allâhu ta'âlâ de parler, de dire ou d'écrire de cette façon. Ça provoquerait la mécréance.

[Comme on cité ci-dessus, les actes facultatifs des êtres humains (des serviteurs) ne sont pas en leur pouvoir. Même, ils ne savent pas comment ils agissent. Ces actes de l'homme résultent d'innombrables faits physiques, chimiques et physiologiques. Un scientifique raisonnable et perspicace qui distingue cette finesse aurait honte de dire "j'ai fait", bien loin de dire "j'ai créé" à propos de ses actes facultatifs. Il se ferait scrupule de Lui. Mais, l'impudent, l'insolent, le cynique, l'inintelligent ou l'ignorant n'a jamais honte de dire tout et partout.

Allâhu ta'âlâ a pitié de tous les êtres humains sur la terre. IL crée toutes choses utiles dont les gens ont besoin et les remet à tous. IL leur indique clairement tout ce qu'il faut faire afin que Ses serviteurs vivent dans la paix et dans le bonheur au monde et qu'ils atteignent la félicité éternelle dans l'autre. Parmi ceux qui se sont égarés du droit chemin s'en étant leurré, abusé par leurs désirs sensuels, par de mauvais amis, par des livres nuisibles ou par des instruments médiatiques, IL accorde la voie de salut à ceux qu'IL choisit. IL les emmène au droit chemin. Mais IL n'accorde pas cette faveur, ce bienfait à ceux qui sont cruels et acharnés. IL les maintient dans le marécage de dénégation et de déni qu'ils préfèrent et où ils sont tombés].

La traduction du livre **"I'tiqadnâma"** s'achève ici. Hadji Fayzullah Effendi, le traducteur, était de région de Kamâh d'Erzincan. Il était professeur, au médéressa, à Söke [en Turquie]. Il est décédé en 1323 de l'Hégire [en 1905]. L'auteur de ce livre, Hadrat Mawlâna Khâlid al-Baghdâdî 'Uthmânî "quddisa sirruh" était né en 1192 de l'Hégire dans la ville Shahrazûr, au nord de Baghdad, et il est décédé en 1242 [en 1826] à Damas. Comme il était un descendant de 'Uthmân-i Zinnûrayn (radiy-Allâhu 'anh), on l'appela 'Uthmânî. Pendant qu'il enseignait son frère Mawlânâ Mahmûd Sâhib sur le second hadîth sharîf qui est célèbre sous le nom de **"Hadith al-Jibrîl"** et qui est le deuxième hadith dans le livre intitulé **"Hadith-i Arbain"** de "Imâm al-Nawawî, Mawlânâ Sâhib a demandé à son frère aîné d'écrire une explication de ce hadîth sharîf. Hadrat Mawlânâ Khâlid al-Baghdâdî "rahmatullahi alaih" l'a accepté pour satisfaire le cœur plein de lumière de son frère et il a commenté ce hadîth sharîf en persan. Ce commentaire est publié sous le titre d'**"I'tiqâdnâma"**.

LES DEUX LETTRES DE SHARAFUDDÎN MUNÎRÎ
"rahimah-Allâhu ta'âlâ"

Il faut se tenir aux causes

Sharafuddîn Ahmed ibn Yahyâ Munîrî (ou Manerî)[1] "rahmatullahi alaih", l'un des grands savants de l'Islâm élevé en Inde, a écrit comme le suivant dans la dix-huitième lettre de son livre intitulé **"Maktubat"** en persan:

"Beaucoup d'hommes vivent dans le doute, la suspicion et dans l'illusion. Un groupe de gens aux idées fausses disent, *«Allâhu ta'âlâ n'a pas besoin de nos adorations, nos prières (ibâdât). IL n'a aucun intérêt de nos bonnes ou mauvaises œuvres de même que nos adorations n'ont aucun intérêt pour Lui. L'obéissance ou la désobéissance des hommes ont la même valeur devant Sa Grandeur. Ceux qui font des adorations se fatiguent en vain "*. Une telle compréhension découle d'une simple ignorance. Ils pensent comme ça parce qu'ils ne connaissent pas l'Islâm. Ils supposent que la Loi enjoint des devoirs aux hommes pour l'intérêt d'Allah

---

[1] Sharafuddîn Ahmad ibn Yahyâ Munirî (quelques sources le rédigent comme Shaikh Sharaf Ad-Dîn Ahmad ben Manerî), surnommé Hadrat Makhdoom-e Jahan, "rahmatullahi taâlâ alaih" est décédé en 782 de l'Hégire [en 1380]. Il a vécu dans la ville appelée Bihar en Inde. Son tombeau est là. Munir est le nom de l'un des villages de la ville de Bihar. Sa biographie est écrite en détail dans le livre **"Akhbâr al-akhyâr"** de Shah 'Abd al-Haqq ad-Dahlawî (rahmatullahi taâlâ alaih). Ce livre en persan a été publié en 1332 de l'Hégire [en 1914] à Deoband, en Inde et puis à Lahore, Pakistan. Ses livres intitulés "Irchâd as-sâlikîn", **"Ma'din al-ma'ânî"** et **"Maktubât"** sont très précieux.

Le Très-Haut. C'est un faux raisonnement. C'est présumer l'impossible comme possible. L'exécution des devoirs, des prières est seulement dans l'intérêt de l'homme. Allâhu ta'âlâ le détermine clairement dans le dix huitième âyat de la soûrate "**Al-Fâtir**" (Le Créateur). Un tel déraisonnement ou un ignorant de ce genre ressemble au cas d'un malade à qui le médecin recommande un régime diététique, mais il néglige de suivre ce régime et dit qu'il ne nuirait pas, ne porterait pas atteinte au médecin s'il ne le suivait pas. En fait, il est vrai que cette négligence ne nuit pas au médecin comme on dit, mais elle nuit au patient. Si le médecin a voulu ici mettre le malade au régime, ce n'est parce qu'il est utile pour le médecin, mais il le fait afin que le patient recouvre sa santé. S'il suivait les recommandations du médecin, il se rétablirait, il recouvrerait sa santé; s'il ne le faisait pas, il périrait. Ça ne nuirait point au toubib.

Un second groupe d'hommes déraisonnés, ceux-ci transgressent la Loi, ils n'ont pas d'adorations, de prières, ils ne s'abstiennent pas des choses défendues (hârams), en somme, ils n'obéissent pas à l'Islâm. Ceux-ci disent: *"La Miséricorde Divine embrasse tout. Allah est généreux, munificent, clément et miséricordieux. IL a une grande pitié de Ses serviteurs humains. Son pardon est éternel. Il ne châtie personne"*. Oui, c'est vrai, ceux qu'ils disent ci-dessus sont exacts, sauf la dernière phrase. Ici, le Satan les trompe, les dévoie. Il les fait courir à la désobéissance. Une personne raisonnable ne se laisse jamais leurrer par le Satan. Comme Allâhu ta'âlâ est très Généreux et Miséricordieux, IL a aussi des châtiments graves. IL est très Contraignant. Il est évident quand même qu'IL fait vivre plusieurs hommes dans la pauvreté, dans la misère et dans la gêne dans ce monde. IL fait vivre sans aucune hésitation Ses innombrables serviteurs humains dans le tourment. Bien qu'IL soit Miséricordieux et qui fournit de la subsistance (Razzâq), IL ne donne pas un morceau de pain, un seul grain de blé sans cultiver la terre. Bien qu'il fasse vivre tout le monde, IL ne le fait pas pour celui qui ne prend pas de nourriture, d'eau. Il ne donne pas de la santé, de guérison au malade qui ne prend pas ses médicaments. IL a créé des causes (sabab) pour tous les bienfaits mondains comme vivre en bonne santé, avoirs des biens, mais en ayant eu pitié, IL en a privé ceux qui ne se tenaient pas à Ses causes. Il y a deux types de remèdes; remèdes médicaux et remèdes spirituels. Les remèdes qui soignent toutes les maladies sont faire l'aomône et dire des prières. Les hadiths suivants sont bien connus: **"Soignez vos malades en faisant l'aumône!"** et **"faire**

istghfâr (formule de demande de pardon)**, réciter istighfâr plusieurs fois par jour est le remède de toutes les douleurs"**. Des remèdes médicaux ou substantiels sont innombrables. On les reconnaît par l'expérimentation. Pareillement, l'utilisation des remèdes spirituels contribue à découvrir des remèdes substantiels. Comme on se rétablit en utilisant des remèdes, des médicaments, on obtient de même les bienfaits de la vie future et éternelle en utilisant des remèdes spirituels. Allah Le Tout Puissant a fait l'impiété, la mécréance, l'incrédulité comme poison mortel qui tue l'âme, l'esprit, le cœur humain. Et la paresse rend l'âme malade. Si on n'en retrouve pas l'antidote, l'âme meurt à la fin de sa maladie. Le seul remède de la mécréance et de l'ignorance est la science, la ma'rifa (la connaissance spirituelle). Et l'antidote, le remède de la paresse est de faire les prières rituelles de salât et accomplir toutes les prières. Si quelqu'un boit du poison et dit qu' "Allah est Miséricordieux, IL me garde de la nuisance du poison", alors, il tombe malade, il se tue. Si quelqu'un qui a la diarrhée boit de l'huile de ricin [si un diabétique prend trop de gâteaux, de desserts trop sucrés] sa maladie devient grave. Comme le corps humain est fragile, vulnérable, l'homme a besoin de beaucoup de choses [comme la nourriture, l'habitation, l'habillement] à satisfaire. Et il y a toujours des difficultés de s'en procurer et préparer pour s'en servir convenablement à l'Islâm. C'est la raison pour laquelle, l'être humain a une force vitale, une capacité innée appelée **l'âme** ou l'âme charnelle (nafs) pour qu'il s'en acquière facilement et dans le bien-être. Mais, il n'y a pas de cause que cette capacité existe aussi chez les animaux. La sensualité, ce qui se dégage de l'homme, exige toujours le bien-être du corps et satisfaire aux besoins. En outre, elle exige goûter extrêmement et pleinement des plaisirs. Les désirs charnels sont appelés **"la sensualité"** (shahwa). Le penchant avec excès aux désirs sensuels est la lascivité. Et la lascivité déraisonnée nuit au cœur et au corps et aux autres personnes, et ça devient un péché.

Un autre groupe aux idées fausses, ceux-ci sont qui pratiquent de l'ascèse ou de la mortification de sensualité (riyâda) en endurant la faim pour une longue durée. Ils veulent ainsi anéantir radicalement les désirs de sensualité, la luxure, le courroux et le divertissement que l'Islâm n'approuve pas. Mais, ils croient que l'Islâm ordonne de les extirper. Cependant, ils échouent à cette tâche, et, en voyant que leurs mauvais désirs ne périssent pas à la suite d'une faim endurée longtemps, alors ils présument que l'Islâm ordonne des choses infaisables. *"Ce commandement de l'Islâm est infaisable. L'homme ne peut pas se débarrasser, se défaire de ses mœurs et caractère innés. Tenter de le faire, c'est comme essayer de transformer une personne noire à un homme blanc. Travailler pour faire l'impossible, ça serait gâcher sa vie"*, disent-ils. Celles-ci aussi sont des idées fausses et aberrantes. En outre, c'est tout à fait une ignorance et une idiotie de supposer que l'Islâm ordonnait de le faire. Tout au contraire, l'Islâm n'ordonne pas anéantir ou extirper les attributs humains, les impulsions inhérentes à la nature humaine, le courroux, le désir sensuel. Ça serait une calomnie, une diffamation contre l'Islâm. Si l'Islâm le commandait, Muhammad "alaihissalâm", le Maître de l'Islâm, n'aurait pas ces attributs. Par contre, il a dit: **"je suis un être humain. Comme tout le monde, moi aussi je me mets en colère"**. De temps en temps, on voyait qu'il se courrouçait. Allahu taâlâ loue dans le Qur'ân al-karîm, Sourate Al-i 'Imrân, verset cent trente quatre, **"ceux qui savent réprimer leur colère"**. Il ne loue pas ceux qui ne se mettent pas en colère. Une conception défectueuse qui propose de se dépourvoir de ses désirs sensuels, de ses sexualités, c'est de l'irraisonnabilité. L'exemple le plus clair de cette défectueuse conception, c'est que Rasûlullah "sallallahu alaihi wa sallâm" s'était marié avec neuf épouses "radiallahu taâlâ anhunna". Même, en cas de la perte de la sensualité, de désir sexuel, il est recommandé d'utiliser des traitements médicaux, des médicaments pour l'acquérir de nouveau. Le courroux aussi est pareil. L'homme protège sa famille, ses enfants, sa femme avec son attribut de colère. Il peut lutter, faire le jihâd contre les ennemis de l'Islâm à l'aide de cet attribut. La perpétuation de la race humaine, avoir la progéniture, être honoré et être vivant dans les mémoires après la mort, tous se peuvent grâce à la sensualité. Ceux sont des choses approuvées, louées, recommandées par l'Islâm.

"L'Islâm commande de se servir de la sensualité et de la colère convenablement à la religion, de les contrôler, mais pas de s'en dépourvoir. C'est comme l'exemple d'un cavalier qui se sert d'un cheval en le dressant et en le contrôlant et d'un chasseur qui se sert de son chien en le dressant et le contrôlant, mais pas en les tuant. Pareillement, la sensualité et la colère sont comme le chien du chasseur et le cheval du cavalier. De même, on ne pourrait pas chasser les bienfaits de l'autre monde sans ces deux. Cependant, il faut une autodiscipline, un autocontrôle dans la conformité à la religion pour en profiter. Mais, si on ne le faisait pas, si on franchissait les limites de la religion pour l'abus d'une manière frénétique et inique de celles-ci, elles traîneraient alors l'homme vers le malheur, la calamité. Pratiquer l'ascèse (riyâda) n'est pas pour s'en dépourvoir ou les extirper, mais c'est pour s'en servir convenablement à la religion. Et c'est possible pour tout le monde, autrement dit, tout homme a cette faculté d'exercer l'auto-discipline. La civilisation n'est pas disposition du nucléaire, des armes atomiques ou avoir des technologies qui fabriquent des avions à réaction, etc., mais la civilisation est le nom de la disposition et de l'utilisation de toutes les technologies, de toutes les productions au profit de l'humanité. Et c'est seulement l'obéissance à l'Islâm qui l'assurerait.

Quant au quatrième groupe aux conceptions fausses, ceux-ci leurrent eux-mêmes. *"Tout est déterminé de toute éternité selon la Volonté Divine. C'est déjà prédestiné de pré-éternité qu'un enfant serait obéissant "sa'id" ou désobéissant "shâqî" avant de venir au monde. La prédestination ne change pas après. C'est pourquoi, cela serait un effort en vain de pratiquer des adorations, des prières"*, disent-ils. Pendant que Rasûlullâh "sallallahu alaihi wa sallam" expliquait ce que c'était la Volonté Divine, Ashâb al-kirâm (les Compagnons) aussi disaient la même. Ils l'avaient dit: *"Laissons nous fier à l'éternelle prédestination et n'exécutons plus des prières"*. Alors, Rasûlullâh "sallallahu alaihi wa sallam" leur avait répliqué: **"Exercez vos prières prescrites à vous! Il est facile de faire ce qui a été accordé de l'éternel passé"**. Donc, un prédestiné, un déterminé comme obéissant (sa'id) ferait ceux que les obéissants faisaient dans le monde. On entend par là que le fait de l'obéissance des déterminés comme sa'id et la désobéissance des déterminés comme shâqî est semblable au cas de ceux qui utilisent des médicaments et de la nourriture parce qu'ils avaient la prédestination de vivre en santé, et de ceux qui n'en prennent pas parce qu'ils avaient la prédestination d'avoir des maladies et de périr. Quelqu'un de qui la destinée était déterminée de pré-éternité qu'il périrait en raison de la faim ou de la maladie, il périt de faim ou de maladie parce qu'il n'était pas lui accordé l'accès à la nourriture ou au médicament. S'il avait été prédestiné pour quelqu'un à être riche, il disposerait alors des moyens de fortune, de gain. Toutes les routes qui vont à l'Ouest seraient fermées pour quelqu'un à qui avait été prédestiné à mourir à l'Est. Selon ce qu'on a rapporté, un jour, l'Archange 'Azrâ'îl "'alaihi 's-salâm", l'ange de la mort, avait rendu visite chez Hadrat Sulaimân (Salomon) "'alaihi 's-salâm". Quand il y était arrivé, il avait remarqué un homme parmi ceux qui étaient assis là et il lui avait jeté un regard impressionnant. Cet homme avait eu peur de ce regard de l'Archange. Après le départ de l'Archange 'Azrâ'îl ('alaihi 's-salâm), cet homme avait supplié Sulaimân alaihissalam de commander au vent pour qu'il l'emporte vers un des pays à l'Occident pour le salut de son corps et de son âme, et échapper ainsi à lui. Sulaimân alaihissalâm a commandé donc au vent de faire ce que l'homme lui demandait. Un autre jour, quand Hadrat 'Azrâ'îl "'alaihi 's-salâm" est revenu, le Prophète Sulaimân alaihissalâm lui a demandé pourquoi il avait jeté un regard si inquiétant à cet homme qui était un fidèle et il lui avait fait peur qu'il a quitté sa patrie. L'ange de la mort, l'Archange 'Azrâ'îl "'alaihi 's-salâm" lui a répondu que cet homme a mal interprété ce regard, car ce regard n'était pas plein de courroux mais d'étonnement. Il a continué: "Allah Le Très-Haut m'avait ordonné d'aller prendre sa vie une heure après dans une ville à Occident. Mais, quand je l'ai vu chez toi, je me suis étonné. Je me suis dit: Comment pourrait-il, à moins d'avoir des ailes, se rendre dans cette ville là? Finalement, j'ai obéi l'ordre divin, je suis allé à la ville à l'Occident ey j'ai pris sa vie". [Cette parabole est citée en détail dans l'ouvrage intitulé **"Masnavî"** ou "Mathnawî" de Jalaluddin Rumi "rahima-hullahu taâlâ"[1]. Comme on voit, la détermination pré-éternelle, la prédestination est une science, pas un ordre. [Lire les pages 65-66-67 SVP!] L'homme a eu peur de Hadrat Azrâil afin que la prédestination se réalise; Hadrat Sulaimân "alaihissalâm" lui a obéi. Et la prédestination éternelle a été réalisée au moyen de la chaîne de causes. Pareillement, il lui est accordé d'avoir la foi (îmân) et de corriger ses mauvaises mœurs à l'aide de riyâda à qui a été prédestiné sa'îd (obéissant). Le verset cent vingt-cinquième de sourate **"al-An'am"** (Les Troupeaux) signifie: **"Celui qu'Allâhu ta'âlâ veut guider, IL lui élargit la poitrine à l'Islâm"**. Celui qui est déterminé de pré-éternité un désobéissant, c'est-à-dire, celui qui a été prédestiné à aller en Enfer dit qu'"il ne faudrait pas faire ses prières, ses adorations, parce que toute personne a la prédestination depuis pré-éternité s'il était obéissant ou désobéissant". Si une personne de telle conviction refuse faire ses adorations, n'exécutent pas ses prières rituelles, cela démontre alors qu'elle était de toute éternité une désobéissante. De même, celui à qui avait été prédestiné à être un ignorant dit que "tout est déterminé depuis la pré-éternité; celui qui a une destinée pareille n'aurait aucun profit à s'instruire". Il

---

[1] Jalâluddîn Rumî ou Jalâl ad-dîn Rûmî, surnommé Mawlânâ est décédé en 672 A.H [en 1273] à Konya.

reste ainsi dans l'ignorance. S'il est prédestiné à quelqu'un à avoir beaucoup de récoltes par le labourage, il labourerait sa terre et il ferait la culture. C'est pareil pour les œuvres des obéissants, des désobéissants et des mécréants. Cependant, les déraisonnés ne pouvaient pas concevoir, entendre bien; "Quel rapport y a-t-il entre la profession de foi, l'exécution des prières rituelles et être déterminé comme obéissant dès la pré-éternité ou la mécréance, la désobéissance et être déterminé comme désobéissant dès la pré-éternité?", interrogent-ils. Il essaie de raisonner sur la relation de cause à effet, mais il ne peut pas la concevoir parce il est d'étroit esprit, borné intellectuellement. Or, la raison humaine est limitée. Cela serait de la déraison d'essayer concevoir ce que la raison ne pouvait pas y arriver. On comprend d'ici que ceux qui essaient de comprendre, de saisir tout s'appuyant sur la raison humaine, les choses qui dépassent la raison humaine sont des gens déraisonnables. 'Isâ (Jésus) alaihissalâm a dit: "Je n'ai pas eu des difficultés de guérir l'aveugle de naissance et de ressusciter les morts; mais, je n'ai pas pu expliquer la vérité à l'idiot". Allah, Le Très-Haut, avec Sa connaissance infinie et Sa Sagesse Divine, élève certaines de Ses créatures humaines au rang des anges, même au plus haut rang que ceux-ci. De même, IL en abaisse quelques'uns au rang des chiens, des cochons. La traduction de dix-huitième lettre s'achève ici.

Il y a cent lettres de Hadrat Sharafuddîn Ahmad ibn Yahyâ Munirî dans cette collection de lettres, intitulée **"Maktûbât"**. Cet ouvrage est écrit en 741 de l'Hégire [en 1339] et il a été publié en 1329 de l'Hégire [en 1911], en Inde. Le manuscrit de ce livre se trouve dans la Bibliothèque Suleymâniyye à Istanbul. Il a écrit comme le suivant dans la soixante-seizième lettre:

"Sa'âda" (Félicité, bonheur) désigne celui qui mérite le Paradis. Et **"shaqâwâ'"** (Malheur) désigne celui qui mérite l'Enfer. Sa'âda et shaqâwâ sont comme deux trésors d'Allâhu ta'âlâ. La clé du premier trésor est l'obéissance et les prières ('ibâda). Celle du deuxième est la désobéissance et des péchés (ma'siya). Allâhu ta'âlâ avait prédestiné de pré-éternité si une personne serait obéissant (sa'id) ou désobéissant (châqi). Cette connaissance d'Allah Le Très-Haut est **"la prédestination"** (qadar). [Nous l'appelons la destinée]. Si Allahu taâlâ prédestine quelqu'un obéissant, il vit donc comme un humain obéissant à Allahu taâlâ. Si quelqu'un est prédestiné comme désobéissant, il commet donc toujours des péchés. Tout le monde peut comprendre s'il est obéissant ou désobéissant en considérant ses actes. Les savants en religion qui considèrent toujours l'autre monde comprennent ainsi si une personne est obéissante ou désobéissante. Mais, des théologiens, des foctionnaires des affaires religieuses adonnés au monde, amoureux de la vie mondaine n'arrivent pas saisir ce fait. Toute honneur et tout bienfait proviennent d'adorer, d'obéir Allahu ta'âlâ avec sincérité (ikhlâs). Et tout vice et tourment arrivent en raison de commettre des péchés. Tout malheur et toute peine arrivent à l'homme à cause des péchés. Le bien-être et la paix sont assurés par voie d'obéissance. [C'est la Loi Divine d'Allah Le Très-Haut. Personne ne pourrait la changer. Il ne faut pas considérer comme bonheur tout ce qui plaît l'âme (nafs) et comme malheur tout ce qui le déplaît]. Il y avait autrefois un homme qui passait sa vie à Masjîd al-Aqsâ à Jérusalem en faisant des invocations, des adorations, des prières, mais il est tellement péri après avoir négligé un jour la prosternation de sa prière rituelle de salât, parce qu'il n'avait pas appris les conditions, les prescriptions de la prière et la sincérité (ikhlâs). Par contre, comme le chien des Ashâb al-Kahf (Gens de la Caverne ou les sept Dormants) a fait quelques pas derrière eux, derrière ces siddîqs, il s'est si élevé qu'il n'est jamais retourné en arrière. Ce fait étonne vraiment l'homme. Depuis des sciècles, les savants n'ont pas pu déchiffrer ce mystère, cette énigme. La raison humaine est incapable de la sagesse Divine. Allah Le Très-Haut a ordonné à Âdam "'alaihi 's-salâm" de ne pas manger de blé quand même qu'IL voulait qu'il en mange parce qu'Allah Le Très-Haut savait de pré-éternité qu'Âdam "'alaihi 's-salâm" en mangerait. IL a ordonné à Iblis de prosterner devant Âdam "'alaihi 's-salâm", pourtant, IL ne voulait pas qu'il le fasse. IL a dit de LE chercher; mais IL ne voulait pas que celui qui n'a pas de sincérité (ikhlâs) L'atteigne. Les voyageurs dans le chemin Divine ont dit qu'ils n'ont rien compris à propos du choix Divin. C'est Son choix, pas le nôtre; Donc, nous ne pouvons que dire qu'IL peut faire ce qu'IL veut faire. Allah Le Très-Haut n'a pas besoin de la croyance, de la foi, des adorations, des dévotions, des prières rituelles des hommes. La mécréance et les péchés des hommes ne portent jamais atteinte à Lui. IL n'a jamais besoin de Ses créatures. IL a créé la science comme cause d'élimination des ténèbres, de la mécréance et l'ignorance comme cause de péché. La science engendre la foi et l'obéissance, mais la mécréance et le péché résultent de l'ignorance. Il ne faudrait jamais abandonner l'obéissance quand bien même elle serait toute petite. Pareillement, il faudrait absolument s'abstenir du péché quand bien même il paraîtrait tout petit. Les savants en Islâm ont rapporté que trois choses étaient les causes de trois autres choses: l'obéissance est la cause pour acquérir l'agrément d'Allahu ta'âlâ (al-ridâ). Commettre des péchés cause le courroux divin (ghadab). Avoir la foi (imân) cause, amène à être honorable, à la dignité. Conséquemment, il faut aussi s'abstenir de commettre un petit péché. Le courroux divin peut avoir pour ce petit péché-là. Il faut considérer chaque croyant mieux que soi-même. Car, ce croyant pourrait être un serviteur qu'Allahu ta'âlâ l'appréciait bien, l'aimait bien. La destinée de toute personne, déterminée de pré-éternité, ne peut être changée jamais. Si Allahu ta'âlâ veut, IL pardonne un musulman qui a toujours commis des péchés mais qui n'a jamais obéi. Dans l'interprétation du trentième verset de sourate Al-Baqara est comme le suivant: lors Allahu ta'âlâ leur a dit qu'IL instituerait des êtres humains sur la terre, les anges ont dit: **"Seigneur! Vas-tu y établir quelqu'un qui fera le mal et qui répandra le sang?"**; Allâhu ta'âlâ ne leur a pas dit "Ils ne feront pas le mal"; mais IL a dit: **"Je sais ce que vous ne savez pas"**. C'est-à-dire, IL a dit: "Je rends digne celui qui est indigne. Je rapproche celui qui est éloigné. J'exalte celui qui est méprisé. Vous les jugez selon leurs actes; moi je les regarde selon la foi dans leurs cœurs. Vous comptez votre innocence, votre vie sans péché; mais ils se refugient à Ma Miséricorde. J'aime votre innocence de même que j'aime pardonner les péchés des musulmans. Vous ne pouvez pas savoir ce que je sais. Je fais atteindre ceux qui ont la foi à Ma grâce éternelle et Je les caresse tous avec Ma faveur infinie". La traduction faite de la soixante-seizième lettre s'achève ici.

Sharafuddîn Ahmad ibn Yahyâ Munirî (ou Shaikh Sharaf Ad-Dîn Ahmad ben Manerî), surnommé Hadrat Makhdoom-e Jahan, "rahmatullahi taâlâ alaih" est décédé en 782 de l'Hégire [en 1380]. Il a vécu dans la ville appelée Bihar en Inde. Son tombeau est là. Munir est le nom de l'un des villages de la ville de Bihar. Sa biographie est écrite en détail dans le livre **"Akhbâr al-akhyâr"** de Shah 'Abd al-Haqq ad-Dahlawî (rahmatullahi taâlâ alaih). Ce livre en persan a été publié en 1332 de l'Hégire [en 1914] à Deoband, en Inde et puis à Lahore, Pakistan. Ses livres intitulés **"Irchâd as-sâlikîn"**, **"Ma'din al-ma'ânî"** et **"Maktubât"** sont très précieux.

[Imâm al-Rabbânî "rahmatullahi alaih" écrit dans ses lettres multiples: "Les actes qui sont ordonnés d'exécuter par Allahu ta'âlâ sont appelées **"Fard"** (actes obligatoires); ceux qui sont ordonnés de s'abstenir sont appelées **"Haram"** (actes ou choses interdits). Des actes ou choses ni ordonnés ni défendus de faire sont nommés **"Mubâh"**. Accomplir les fards, s'abstenir des harâms et essayer de faire les mubâhs pour avoir l'agrément d'Allah Le Très-Haut, c'est appelé **"ibâda"** (culte, adoration). Il faut de **"'ilm"** (science, apprentissage), **"amal"** (actes) et **"ikhlâs"** (sincérité) pour la réalisation de ce que la Loi sacrée a prescrit; en d'autres termes, il faut de la science, c'est-à-dire qu'apprendre bien comment faire les prières, apprendre bien les préceptes des prières pour qu'une ibâda soit correcte et valable, soit saine et digne d'agrément divin. Il faut avoir de l'acte, c'est-à-dire qu'il faut les faire, les effectuer, exécuter, accomplir suivant leurs préceptes et conditions. Et en les faisant, il faut de la sincérité, c'est-à-dire qu'il faut les faire d'une manière pure et sincère, sans une attitude ostentatoire, sans avoir le but ou l'intention d'obtenir des profits mondains comme obtenir de l'argent, d'un poste ou de réputation, mais dans le but d'avoir l'agrément, le consentement d'Allah Le Très-Haut, et les faire parce qu'IL a ordonné de les faire. On acquiert 'ilm en lisant les livres de fiqh sous la supervision d'un maître, autrement dit, auprès d'une personne compétente, et ikhlâs en observant les paroles, les attitudes d'un walî (saint) et en lisant des livres de tasawuf. Les sciences islamiques se divisent en deux: les sciences religieuses et les sciences concrètes. Il est fard (obligatoire) de les apprendre tant qu'il faut. Par exemple, c'est fard (obligatoire pour un croyant) d'apprendre la façon d'utilisation, la dose, la quantité d'un médicament, et d'être instruit ou renseigné sur l'électricité pour celui qui s'en sert. S'ils n'apprennent pas, ils peuvent donner lieu à la mort.

Si un musulman qui n'accomplit pas ses prières à cause de sa paresse, de son indolence ou à cause de ses mauvais amis, mais qui a toute croyance aux fards et aux harâms est mort sans repentir, il sera châtié dans l'Enfer dans la mesure de ses péchés. Si un musulman qui n'apprend pas les fards ou qui les connaît mais qui ne leur accorde pas de l'importance ou qui les méprise ou refuse, ne s'en regrette pas, les abandonne sans la crainte d'Allah Le Très-Haut, il sortira de la religion, il quittera l'Islâm et il sera un mécréant. Un tel musulman devenu mécréant sera infiniment dans le feu de la Géhenne. C'est pareil pour celui qui commet des harâms.

Le culte, les prières accomplis par celui qui n'a pas appris sa science, leurs préceptes ne serait pas valable et saine quand bien même ils seraient effectués avec sincérité (ikhlâs). Il serait jeté dans le feu de la Géhenne comme s'il n'en rien fait. Le culte fait, les prières accomplies par le musulman qui en observait et connaissait les préceptes seraient valables et sains. Il échapperait au châtiment de l'Enfer. Cependant, aucune des bonnes œuvres, ses prières ne seraient pas valables s'il ne les faisait pas avec sincérité (ikhlâs). Il n'aurait aucune récompense (thawâb). Car, Allah Le Très-Haut désigne qu'IL n'approuvait pas une telle prière, un tel culte et de telles œuvres. Un culte accompli sans conscience, sans la science, sans la sincérité ne sert à rien; il ne sauve pas l'homme de la mécréance, du péché et du châtiment. Le nombre des hypocrites (munafiq) qui faisaient de cette manière ses prières pendant toute sa vie mais qui sont morts en mécréance n'étaient pas si peu. Le culte, les œuvres, les prières accomplies avec 'ilm et ikhlâs (l'apprentissage de la science, de la religion et la sincérité) sauvegardent l'homme de tomber dans la mécréance, dans le péché dans le monde et glorifient l'homme. Et Allahu ta'âlâ promet dans le neuvième verset de la sourate Al-Mâida et dans la sourate Wal-'Asr qu'IL sauvegarderait dans l'au-delà les croyants qui accomplissaient de cette manière correcte leurs prières. IL est fidèle dans Sa promesse. IL ferait certainement ce qu'IL a promis].

6

ALLAH LE TRÈS-HAUT EXISTE ET IL EST UNIQUE. LES ÊTRES, HORS DE LUI, N'EXISTAIENT PAS. ILS REDEVIENDRONT INEXISTANTS.

Nous rendons compte de l'existence des êtres qui nous entourent grâce à nos organes de "sens". Les choses qui produisent un effet sur nos organes des sens sont appelés **"êtres"**. Les effets exercés par les êtres sur nos organes des "cinq sens", sont appelés **"propriété"** ou **"attribut"**. Les êtres se différencient les uns des autres par leurs propriétés. La lumière, le son, l'eau, l'air, le verre sont chacun des **"êtres"**, c'est à dire "une entité existante". On appelle **"substance"** ou **"matière"** tout ce qui a un poids, un volume, une forme et qui occupe une place dans le vide. L'air, l'eau, la pierre sont, chacun ou chacune, séparément une matière. Tandis que la lumière, le son ne sont pas de "matières". Car la lumière et le son n'occupent pas de place dans le vide et n'ont pas de poids (ne pèsent pas). Tout être porte en soi, possède une **"énergie"**, c'est à dire **"une puissance, une force"**. Cela veut dire qu'il peut déployer une activité, un effet. Toute matière peut se présenter sous trois états: solide, liquide, gazeux. Les matières solides ont des formes. Mais celles qui se trouvent à l'état liquide ou gazeux, elles prennent la forme de récipient qu'ils occupent. On appelle le **"corps"** la matière qui a pris forme. Les matières se trouvent toujours à l'état de corps. Par exemple la clé, l'aiguille, la pincette, la pelle, le clou, sont des corps différents, c'est à dire leurs formes sont différentes. Mais tous sont en fer. Les corps se divisent en deux: les corps simples et les corps composés.

Dans tout corps, il y a constamment des transformations qui ont lieu. Par exemple le corps change de place en se mouvant;

devient plus grand, plus petit; il change de couleur; s'il est vivant, il tombe malade, il meurt. Ces transformations sont nommées **"fait"**, **"évènement"** ou **"phénomène"**. Quand un phénomène se produit, si la structure de la matière ne s'altère pas, ne se modifie pas, il est appelé **"Phénomène physique"**. Lorsqu'un papier se déchire cela est un fait physique. Pour qu'un phénomène physique ou un événement physique se produise dans une matière, il faut qu'une force ait effet sur cette matière. Les phénomènes qui provoquent un changement de structure de la matière, qui modifient sa nature s'appellent **"Phénomène chimique"**. Lorsqu'un papier se réduit en cendres cela est un fait chimique. Pour qu'un phénomène chimique se produise il faut qu'une matière agisse sur l'autre. Lorsque deux ou plus grand nombre de matières agissent l'une sur l'autre et qu'en aucune d'elles, il y a un phénomène chimique qui s'opère, cela est appelé **"Réaction Chimique"**.

Le phénomène de la réaction chimique des matières s'opère au moyen des plus petites particules de la matière appelées **"Atomes"** ou **"jawhar-al-fard"**. Tout corps est fait d'atomes. Les structures des atomes se ressemblent mais leurs dimensions et leurs poids sont différents. C'est pourquoi, aujourd'hui nous connaissons cent cinq sortes d'atomes. Même le plus grand atome est petit au point de ne point pouvoir être vu avec le plus puissant microscope. La combinaison des atomes donne naissance au **"Corps simple"** ou **"Elément"**. Comme il y a cent cinq sortes d'atomes, il y a cent cinq corps simples. Le fer, le souffre, le mercure, le gaz d'oxygène, le carbone sont des éléments. Par la combinaison des atomes différents se produit le **"Corps composé"**. Il y a des centaines de milliers de corps composé. L'eau, l'alcool, le sel, la chaux sont des corps composés. Les corps composés se produisent par la combinaison de deux ou de plus de deux corps composés. La combinaison des corps simples résulte de la combinaison de leurs atomes.

Les cent cinq éléments sont les constituants de tous les corps, par exemple des montagnes, des mers, de toutes sortes de plantes et d'animaux. Ce sont les éléments constitutifs de tout corps animé ou inanimé. Tous les corps sont constitués de la combinaison des atomes de l'un ou de plusieurs de ces cent cinq éléments. L'air, la terre, l'eau, la chaleur, la lumière, l'électricité et les microbes provoquent la fragmentation ou la décomposition ou la combinaison des corps composés. **Aucune transformation**

ne peut survenir sans une cause. Dans ces transformations, éléments constitutifs de ces êtres changent de place ou passent à l'état libre en se détachant d'un corps. Nous constatons que les corps disparaissent. La disparition d'un corps, par exemple celui d'un mort dans sa tombe se réalise sous forme de la production de nouveaux corps tels que l'eau, le gaz et matières composées de la terre. Et quand ces matières nouvelles qui résultent de cette transformation ne produisent pas un effet sur nos organes de sens, nous ne pouvons pas apercevoir leur existence. C'est pourquoi, nous disons que la matière précédente transformée a disparu. En fait, la disparition signifiait ici la transformation de la matière.

Nous voyons aussi que chacun de cent cinq éléments se transforme et que dans tout élément se produit des phénomènes physiques et chimiques. Quand un élément se combine avec la structure d'un composé, il se transforme en état d'ion, c'est-à-dire un transfert d'électrons ou un échange d'électrons commence et ils circulent, se déplacent autour du noyau de l'atome. Ainsi, les différentes particularités physiques et chimiques de cet élément changent. Les atomes de chaque élément sont constitués d'un noyau et des particules nommées **"Electrons"**. Le noyau est au milieu de l'atome. Les noyaux de tous les atomes, sauf l'hydrogène, sont faits des particules nommées **"Protons"** et **"Neutrons"**. Les protons sont chargés d'électricité positive. Les neutrons ne contiennent pas la charge d'électricité. Les électrons sont des particules électriques négatives et ils gravitent autour du noyau. Comme les électrons gravitent toujours dans leurs orbites, ils changent aussi d'orbite.

En outre, il est évident par l'existence des **éléments radioactifs** qu'il y a aussi des transformations, des morcellements dans les noyaux d'atomes appelés **fissions**. A l'examen plus approfondi, il est établi que cette fission des noyaux, un élément se transformait en un autre élément et que les matières disparaissent et se transforment en **"énergie"**. Cette transformation a été calculée même par **Einstein**[1]. Donc, tout comme dans les corps, les éléments aussi se transforment continuellement et passent d'un état à l'autre. (Toute matière animée ou inanimée est en train de se transformer, en d'autres termes, la matière précédente

---

[1] Einstein, physicien juif est mort en 1375 [en 1955].

disparaît et une nouvelle matière la remplace). Tout être vivant (toute plante, tout animal) existant aujourd'hui, n'existait pas avant. Il y avait d'autres êtres vivants. Et, dans un laps de temps, aucun des êtres vivants qui sont présents maintenant n'existera pas, d'autres êtres vivants existeront. Il en est de même pour tous les êtres inanimés. Tout être animé ou inanimé, par exemple le fer qui est un élément ou bien la pierre, l'os qui sont des amalgames de plusieurs corps, toutes les matières, toutes les particules se transforment toujours. En bref, les anciennes disparaissent et d'autres viennent exister. Si les propriétés de la matière existante ressemblent à celles de la matière disparue, l'homme croit que la matière existe toujours et ne peut pas comprendre cette transformation. C'est comme au cinéma où la projection d'une suite de vues donne l'impression d'un mouvement et les spectateurs croient que ce sont toujours les images qui sont en mouvement alors que c'est la bande qui tourne devant l'objectif de l'appareil cinématographique et reflète la suite de vues, des images. Quand un morceau de papier est brûlé, il se transforme en cendres et nous disons que le papier a disparu mais le cendre a apparu parce que nous remarquons cette transformation. De même, quand la glace est fondue, nous disons que la glace a disparu, elle s'est transformée en eau. La science moderne sur la matière est largement traitée dans notre livre intitulé **"Endless Bliss"** en anglais. Pour plus d'information, consultez ledit livre svp!

Au début du livre intitulé **"Sharh al-Aqâ'id"**, il est dit: "Comme tous les êtres sont les signes de l'existence d'Allah Le Très-Haut, toutes les créatures sont appelées **"'âlam"**. Chacune des êtres qui sont de même nature aussi est appelée 'âlam (monde, univers). Par exemple, nous disons le monde des hommes, le monde des anges, le monde des animaux, le monde des matières inanimées. Ou bien, chacun des corps est un 'âlam.

Dans le livre intitulé **"Sharh al-Mawâqif"**[1], il est dit comme le suivant à la page quatre cent quarante et une: "'âlam est hadîth (créature, créé), c'est-à-dire, tout est créature, tout est créé. Toute créature a commencé à exister alors qu'elle était inexistante. [Nous avons cité ci-dessus qu'elles ont été

---

[1] Sayyid Sherif Alî Jurjânî, l'auteur du livre **Sharh al-mawâqif** est décédé en 816 [en 1413] à Chiraz.

successivement des unes des autres]. Les substances et particularités des corps aussi sont créées. Ici, on peut voir les quatre avis:

1– Selon les Musulmans, les Juifs et les Chrétiens et les Mages, les substances et les particularités des corps sont aussi des créatures, c'est-à-dire, elles sont créées aussi.

2– Selon Aristote et les philosophes qui le suivaient, les substances et les particularités des corps sont qadîm (prééternelles). Ils prétendent qu'elles existaient de toute éternité. Par contre, la science de la chimie moderne réfute absolument cette thèse. Si un musulman y croit ou dit la même chose, il sort de l'Islâm et il devient mécréant. Ibn Sînâ (Avicennes)[1] et Fârâbî[2] aussi étaient du même avis avec ces philosophes.

3– D'après les philosophes vécus avant Aristote, les substances des corps sont qadîm (prééternelles, immuables) mais leurs propriétés sont créées. Et aujourd'hui, plusieurs scientifiques partagent cette idée fausse.

4– Personne n'a dit que la matière était qadîm (prééternelle, immuable), mais les propriétés étaient créées. Callinos était incapable de décider sur l'un de ces quatre avis".

Les Musulmans prouvent par plusieurs voies que les matières et leurs propriétés sont des choses créées. Premièrement, les substances, les matières et toutes leurs molécules se transforment, se transmutent, changent sans cesse. Une chose qui se transforme continuellement ne peut pas être qadîm, prééternelle, de toute éternité; il faut qu'elle soit créée. Car, le processus de la succession de cette transformation ou transmutation des substances ne pouvait pas aller jusqu'à la prééternité. Il faudrait que ces transformations aient eu un commencement, c'est- à- dire qu'il faudrait que les substances initiales aient été créées du néant. Si les substances initiales créées du néant n'existaient pas, en d'autres termes, si le processus de cette succession allait à la prééternité, il n'y aurait alors un début de cette succession et il aurait fallu qu'aucune matière n'existe aujourd'hui. L'existence des matières et leur

---

[1] Ibn Sînâ Husayn est décédé en 428 [en 1037] à Damas.
[2] Muhammad Fârâbî est décédé en 339 [en 950] à Damas.

succession démontrent qu'elles sont produites d'une première matière créée du néant.

Par ailleurs, pour une pierre tombée du ciel, on ne peut pas dire qu'elle est arrivée de l'éternité, parce que l'éternité signifie ce qui n'a ni commencement ni fin. Venir de l'éternité voudrait dire quelque chose venant du néant. Mais alors, il faudrait que cette chose considérée qu'elle venait de l'infini ne vienne pas. Cela serait irraisonnable et d'ignorance de dire qu'elle est venue l'infini pour ce qui est arrivé. Pareillement, la multiplication de l'être humain de l'un de l'autre, ne peut pas être arrivée de l'éternel passé. Il faudrait qu'ils se multiplient à partir de premier homme créé du néant, de l'inexistant. Si on disait que le premier homme n'avait pas été créé et que la multiplication des hommes des uns des autres venait de l'éternel passé, alors, il faudrait qu'aucun des hommes n'ait existé. C'est pareil pour tous les êtres. C'est une idée fausse, une idée déraisonnable et une ignorance incompatible avec la science de dire à propos de la genèse, du processus de formation, de constitution et de génération (des unes des autres) des organismes, des substances, qu' "il en est ainsi et il en va de même, et qu'il n'y a pas de substances initiales créées du néant". Le changement, la transformation ne sont pas les preuves d'être infini, mais ils démontrent la création du néant; en d'autres termes, ils indiquent **"Mumkin al-wujûd"** (existence possible), pas **"Wâjib al-wudjûd"** (Existence nécessaire).

Question: Puisque le créateur de cet 'alâm (monde, univers), son essence ainsi que ses attributs sont qadîm (éternels), ne faudrait-il pas que cet 'alâm aussi ait été qadîm (éternel)?

Réponse: Nous témoignons toujours que le Créateur qui est qadîm, qui est de toute éternité, transforme pour des causes variées les substances, les molécules, c'est-à-dire qu'IL les fait disparaître pour les remplacer par d'autres. Ce Créateur qui est de toute éternité crée les substances des unes des autres selon Sa volonté et quand IL le veut. Comme IL a créé tous les univers, toute matière, toute molécule par des causes, IL a le pouvoir de les créer aussi du néant sans causes, sans moyens quand IL le veut.

Celui qui croit que les univers sont tous des choses créées (hâdith), croirait aussi qu'elles étaient temporaires et qu'ils disparaîtraient de nouveau. Il est évident que les êtres créés alors qu'ils n'existaient pas pourraient être disparus de nouveau.

Maintenant aussi, nous observons que plusieurs êtres disparaissent.

Pour être un musulman, il faut absolument croire que les matières et les corps, c'est à dire tous les êtres, sont créés du néant et qu'ils redeviendront inexistants. Nous observons que les corps existent alors qu'ils n'existaient pas, et qu'ils disparaissent de nouveau, et que ses formes et ses propriétés aussi disparaissent. D'ailleurs, comme on a cité ci-dessus, bien que leurs substances soient existées quand les corps disparaissent, ces substances n'étaient prééternelles non plus, elles étaient aussi créées bien avant par Allah Le Très-Haut, et IL les ferait disparaître de nouveau au Jour du Jugement. Aujourd'hui, les connaissances scientifiques contemporaines ne sont pas tout à fait contradictoires, antinomiques de ce qu'on cite ici. La négation de ces faits, soutenir des paradoxes, ça voudrait dire être calomnier la science, être hostile à l'Islâm. L'Islâm ne refuse jamais la science concrète. L'Islâm refuse seulement la négation de l'apprentissage des sciences religieuses et ne pas faire ses devoirs de prières. Et la science concrète ne refuse du tout l'Islâm. Tout au contraire, elle atteste et confirme l'Islâm.

Puisque l'âlam (tout, monde, univers) est créé, il y a donc un créateur qui le crée du néant. Car, on a cité ci-dessus qu'aucun fait n'existerait de soi-même. Aujourd'hui, on produit des milliers de médicaments, des appareils électroménagers, des meubles, des matières industrielles et commerciales, des appareils électroniques et de guerre. La plupart de ceux-ci est produite à la suite des procédés de calcul, d'études et de centaines d'épreuves et expérimentations. Disent-ils que l'un même de ceux-ci a existé spontanément, ou bien il s'est fait, il s'est produit de soi-même? Cependant, ils disent que tous ceux-ci ont été faits ou produits consciencieusement et volontairement et qu'il en faudrait des producteurs pour tous ceux-ci et ils disent quand même que des millions de substances et de phénomènes relatifs aux êtres vivants et aux êtres inanimés dont les nouveaux, les plus fins sont découverts à chaque siècle et desquels la structure, la constitution ou la composition en général sont déjà inconnues existent d'une manière spontanée et par hasard. Comment l'appeler autrement, si ce raisonnement paradoxal, cette hypocrisie ne sont pas les signes d'une vraie idiotie ou du fanatisme ou d'une obstination? Il est évident qu'il y a un seul créateur qui crée, qui fait exister chaque substance et chaque acte. Ce Créateur est On voit qu'il y a un Créateur unique qui fait exister chaque matière et chaque mouvement. Ce créateur est **"Wâjib al-wujûd"** (Existence nécessaire, indispensable, Être essentiel). C'est à dire, il n'a pas existé après alors qu'il était inexistant. Il fallait que ce créateur existe toujours, de toute éternité. Et ce créateur n'avait besoin de rien pour qu'il ait existé. S'il ne fallait pas qu'il existe de toute éternité, il serait **"Mumkin al-wujûd"** (dont l'existence était possible). Il serait quelque chose créée comme les 'âlam, comme les créatures. Une créature devient existante ou par la transformation d'une autre créature ou par la création du néant. Mais, il faudrait alors un créateur pour qu'il la crée. De même, il faudrait des créateurs infinis. Mais, quand on considère que les transformations des créatures ne seraient pas infinies, comme on a cité ci-dessus, leurs créateurs non plus ne pourraient être infinis et il faudrait que le fait de création ait dû à partir du premier créateur. Car, si on pensait que le fait de créer les créateurs les uns les autres était un processus qui durait infiniment, il faudrait donc qu'aucun créateur existe. C'est la raison pour laquelle, le premier créateur qui n'est pas créé est le seul créateur des créatures. Il n'y a, ni avant ni après, un autre créateur autre que lui. Le créateur n'est pas une créature, il n'est pas créé et ne pourrait pas être créé. Il existe toujours. Il est toujours en existence. S'il disparaît pour un moment, tout disparaît. Celui qui est "Wâjib al-wujûd" n'a jamais et à aucun égard besoin de rien. Il fallait que le pouvoir, la puissance de celui qui a créé d'une manière systématique, régulière, ordonnée ou mesurée les cieux, les terres, les atomes, les êtres vivants soient éternels et qu'il soit omniscient, qu'il puisse faire tout ce qu'il veut et qu'il soit unique et qu'il n'arrive aucune transformation, aucun changement chez lui. Si le créateur n'avait pas de pouvoir infini, s'il n'était pas omniscient, il ne serait pas capable de créer d'une manière systématique, régulière les créatures. Si ce créateur était multiple et quand les volontés de ces multiples créateurs n'étaient pas compatibles les unes avec les autres sur la création d'une chose, alors ceux de qui les volontés n'ont pas été réalisées ne pourraient pas être créateurs et il y aurait une grande confusion dans la chose créée. Pour en avoir plus d'information, Veuillez lire les commentaires en langues arabe et turque du livre intitulé **"Qasîdat al-Amâlî"**, écrit par Alî Ushî[1].

---

[1] Alî Ûshî est décédé en 575 [en 1180].

Aucune transformation, aucune transmutation, aucun changement ne se produisent chez le Créateur. IL était le même avant de créer les univers comme IL l'est maintenant. Comme IL a créé tout du néant, IL le crée tout le temps et maintenant aussi. Sinon, le fait de varier, de se transformer, de se transmuter ou de se modifier désignerait la particularité d'être une créature. On a cité ci-dessus qu'IL existe tout le temps et IL ne cesserait jamais d'exister. C'est pourquoi, il n'arrive aucune transformation, aucune variation, aucune transmutation, aucun changement chez Lui. Toutes les créatures ont tout le temps besoin de Lui de même qu'elles avaient besoin de Lui pendant leur création. C'est Lui seul qui crée tout et qui en fait tous les changements. IL crée tout avec ses causes afin que tout ait un système et que les êtres humains puissent vivre d'une manière civilisée. Comme IL crée les causes, IL crée aussi leur effet et leur activité. Et les êtres humains n'ont que l'intervention et l'entremise pour susciter l'effet des causes sur les matières.

Manger quand on a faim, prendre des médicaments quand on est malade, se servir d'une allumette pour allumer une bougie, verser d'un acide sur le zinc pour obtenir de l'hydrogène, chauffer des pierres à très haute température afin qu'elles deviennent poussière, et une fois cette poussière obtenue, attendre qu'elle soit refroidie et puis y ajouter de la chaux et mélanger le tout pour fabriquer du ciment, élever des vaches pour avoir du lait, installer des centrales hydroélectriques pour obtenir l'électricité, construire toutes sortes d'usines, tous ceux-ci signifiaient utiliser des causes afin qu'IL crée des choses nouvelles; donc, la volonté et l'énergie humaine sont aussi des causes créées par Allah Le Très-Haut. Et IL les crée par l'entremise comme cause des êtres humains. Car, la volonté Divine le veut de cette manière. Donc, c'était une expression irraisonnable, irréligieuse et paradoxale de dire que l'homme a créé quelque chose ou utiliser le mot créer à propos de l'intervention humaine.

C'est un devoir indispensable pour les êtres humains d'aimer ce Créateur unique, d'être des serviteurs dignes de ce Créateur unique qui les crée, qui les fait vivre et qui leur donne et crée ce dont ils ont besoin. En d'autres termes, il faut que les créatures L'adorent, L'obéissent, exécutent leurs prières et LE respectent. Il faut les faire comme il est écrit en détail dans la lettre de Maktûbat citée à l'introduction de ce livre. Cette Divinité, ce

Dieu qui est Wâjib al-wujûd a déclaré Lui-même que Son nom est **"Allah"**. Les êtres humains n'ont pas le droit de changer Son nom annoncé par Lui-même. Quelque chose faite indignement serait de l'injustice.

Les religieux chrétiens, le clergé croient à la Trinité. Tout ce qui est écrit dans ce chapitre démontre que le Créateur est unique et que leur croyance est fautive et paradoxale.

7

LES SALAFITES

Nous devrions noter tout à l'heure qu'il n'y a pas un nom appelé **"Salafiya"** ou un terme comme **"madhhab salafite"** mentionnés dans les livres des savants Ahl sunna "rahmatullahi taâlâ alaihim ajma'în". Ces noms ont été inventés récemment par ceux qui sont des sans-madhhabs, de ceux qui refusent les madhabs (écoles) de la sunna et propagés parmi les Turcs aussi par les traductions de l'arabe en turc des livres des anti-madhabites faites par des hommes de religion ignorants. Selon les Salafites, *"la madhab* (la voie, l'école de la jurisprudence de l'Islâm) *suivie et observée par les gens de la Sunnah avant la fondation des madhhabs Ach'arî et Mâturîdî, c'était Salafiyya. Les Salafites étaient les pieux prédécesseurs (Salaf). Ceux-ci suivaient la voie de Sahaba et Tabi'în. La Salafiyya était aussi la voie de Ashab, de Tabi'în et de Tabâ at-Tâbi'în. Quatre grands imâms étaient de cette voie. Le premier ouvrage pour défendre la madhab Salafiyya a été écrit sous le titre de **"Fiqh al-akbar"**, par Imâm al-'Azam. Imâm al-Ghazali écrit dans son œuvre intitulée **"Iljâm alawâm'ani 'l-kalâm"** [la science de théologie n'est pas pour le commun] que la madhab Salafiyya avait sept principes. Ilm al-kalâm (la science de théologie) de Mutaakhirîn (des successeurs) commence avec l'apparition d'Imâm al-Ghazali. Imâm al-Ghazali a fait des changements sur les méthodes de la théologie après avoir étudié les madhabs des savants de théologie qui lui ont précédé et les opinions des philosophes islamiques. Cependant, en essayant de refuser et de réfuter les pensées philosophiques, il les introduites à la science de théologie (kalâm). Râzi et Amidî ont établi une science en incorporant la philosophie à la théologie. Et Baydavî l'a formée en un ensemble inséparable de l'une de l'autre la théologie avec la philosophie. La science de théologie des mutaakhîrin (des successeurs) a empêché la propagation de la madhab Salafiyya. Ibn Taymiya et son disciple Ibn al-Qayyim al-*

Jawziyya ont essayé de revivifier la madhab Salafiyya. Ensuite, la madhab Salafiyya s'est divisée en deux: Les anciens Salafites ne sont pas entrés en détail sur les attributs d'Allah et sur les bases scripturaires ambigües (nass mutachâbih). Et les nouveaux Salafites ont attribué de l'importance à entrer dans le détail sur ceux-ci. On observe cet effort chez les nouveaux Salafites comme Ibn Taymiyya et Ibn al-Qayyim al-Jawziyya. Les anciens et les nouveaux Salafites sont nommés tous "Ahl sunnat' al-khâssa". Bien que les théologiens Ahl sunna aient interprété certains "nass" (bases scripturaires explicites), la Salafiyya s'y opposait. Elle s'est séparée de l'exégèse allégorique et métaphorique, de l'anthropomorphisme en refusant qu'il existe une dissemblance en ce qui concerne les termes de visage (wajh) et la descente d'Allah. Car, le visage et la descente d'Allah ne ressemblent pas à ceux des êtres humains", disent-ils.

Ce n'est pas exact de dire que les **"Ach'ari"** et **"Mâturîdî"** étaient des madhhab fondées ultérieurement. Ces deux grands Imâms ont expliqué les sciences de la foi et de la croyance rapportées par Salaf assâlihîn et ils les ont catégorisées et publiées afin qu'elles soient compréhensibles en vue de jeunes gens. Imâm al-Ach'arî se trouvait dans l'enchaînement, dans la succession des disciples d'Imâm al-Chafi'î. Et Imâm al-Mâturîdî était un grand anneau de la chaîne des disciples d'Imâm al-'A'zam Abû Hanifah. Soit Ach'arî, soit Ma'turidî n'avaient pas fondé une madhab, une école et ils n'avaient pas quitté non plus la même croyance (al-i'tiqad) de leur maître. D'ailleurs, ces deux Imâms, leurs maîtres et les Imâms de quatre écoles avaient une seule croyance (al-i'tiqad). Et cette croyance est connue avec son nom **"Ahl-al sunna wa'l jamâ'a"**. La croyance de ceux qui se trouvent dans cette voie est celle de Sahâbat al-kirâm (Compagnons), de Tâbi'în et de Taba' at-Tâbi'în. Le livre **"Fiqh al-akbar"**, écrit par Imâm-i a'zam Abû Hanifa, défend la madhhab Ahl sunna. Dans ledit livre et dans le livre intitulé **"Iljâm Al-awâm 'ani 'lkalâm"**, écrit par Imâm al-Ghazali, il n'y a pas de mot Salafiyya. Ces deux livres et le livre intitulé **"Qawl al-fasl"**, l'un des commentaires du livre **"Fiqh al-akbar"**, expliquent la madhhab Ahl sunna et répondent aux groupes de "Bid'a" (innovation, hérésie) et aux philosophes.[1]

Al-Imâm al-Ghazâlî écrit comme le suivant dans son livre

---

[1] Ces deux livres **"Iljâm Al-awâm 'ani 'lkalâm"** et **"Qawl al-fasl"** sont réimprimés par Hakîkat Kitâbevi.

"Iljâm Al-awâm 'ani 'lkalâm": "Dans ce livre, je vais faire savoir que la madhhab de Salaf est droite (haqq) et correcte. Je vais expliquer que ceux qui se diffèrent de cette madhhab sont des gens de bid'a. La madhhab Salaf veut dire la voie, la croyance d'Ashâb et de Tâbi'în. Et cette madhhab a sept fondements". Comme on le voit, le livre Iljâm" parle des sept fondements de la madhhab de Salaf as-salihîn. Cela serait calomnier Imâm al-Ghazâlî et de modifier le contenu du livre de dire comme "les sept fondements de Salafiyya". Il est écrit dans tous les livres d'Ahl sunna, par exemple, au chapitre de témoignage du livre **"Durr al-mukhtâr"** qui est un livre très précieux de fiqh, dans l'explication des Prédécesseurs et des Successeurs, que "Salaf est le nom de Sahaba't al-kirâm et de Tâbi'în. Ceux-ci sont nommés aussi "Salaf assâlihîn (Les Pieux Prédécesseurs). Et les savants Ahl sunna qui leur succèdent sont nommés Khalaf (Successeurs)". Al-Imâm al-Ghazâlî, al-Imâm ar-Râdî et al-Imâm al-Baidâwî qui sont les honorables éminents de l'ulamâ'(savants) de tafsîr (exégèse) étaient tous dans la madhab de Salaf assâlihîn (Les Pieux Prédécesseurs). Les groupes aberrants, des innovateurs apparus à cette époque-là, ont introduit la philosophie dans la science de kalâm (théologie). Même, ils ont fondé l'essentiel de leur foi sur la philosophie. Le livre **"Al Mihal** wa **al Nihal"** explique en détail les croyances de ces groupes hérétiques. Ces trois imâms mentionnés ci-dessus tout en défendant la croyance Ahl sunna et en réfutant leurs idées erronées, ils avaient écrit aussi des réponses détaillées sur leur philosophie. Ces réponses n'étaient pas pour introduire la philosophie dans la croyance Ahl sunna. Au contraire, c'étaient pour purifier la science de théologie des idées philosophiques y introduites. Il n'y a aucune conception ni méthode philosophiques dans l'exégèse d'al- Baidâwî et dans celle de **"Shaikh-zâda"**, le plus précieux de ses commentaires. C'est une odieuse calomnie, une basse diffamation contre ces grands Imâms de débiter qu'ils s'étaient adonnés à la philosophie. La première diffamation contre les savants Ahl sunna est commise par Ibn Taymiya dans son livre **Al-wâsita**. En outre, c'est un point très important où se séparent ceux qui sont sur le droit chemin et ceux qui sont égarés, de prétendre que Ibn Taymiya et son disciple Ibn al-Qayyim al-Jawziyya essayaient de revivifier la madhab Salafiya. Avant tout, il n'y avait pas une madhab nommée Salafiya, même le mot Salafiyya ou Salafite avant ces deux personnages qu'on puisse dire qu'ils essayaient de la revivifier. Il n'y avait que la croyance droite et unique nommée **Ahl as-Sunna wa 'l-Jamâ'a** et qui était à la fois la madhab de Salaf as-sâlihîn. Ibn Taymiya a essayé de dénaturer cette voie droite et il a inventé plusieurs bid'a (innovation, hérésie). A présent, tous les propos aberrants, les fausses idées, les livres hérétiques des réformistes en religion, de ceux qui renient les madhabs droites et des antagonistes des madhhabs résultent de ces innovations (bid'a) d'Ibn Taymiya. Ceux-ci ont usé d'un stratagème dans le but de convaincre les jeunes gens que leur voie hérétique n'était que la bonne voie; ils ont substitué le terme Salafiya au nom de Salaf as-sâlihin pour masquer leurs propos hérétiques et pour amener les jeunes gens à sa voie. Ils ont essayé de stigmatiser, de commettre des diffamations contre les successeurs de Salaf as-sâlihin de s'occuper de philosophie, d'être des innovateurs. Et ils les ont accusés et blâmés d'être séparés de ce nom inventé Salafiyya. Ils ont lancé Ibn Taymiyya comme un héros, un mujtahid qui ranimait et revivifiait la Salafiyya. Cependant, les savants Ahl sunna "rahmatullahi taâlâ alaihim ajma'în" qui étaient les successeurs de Salaf as-sâlihîn défendaient et expliquaient les principes et connaissance de **la croyance Ahl sunna** qui était la madhab de Salaf as-sâlihîn, dans leurs livres qu'ils avaient écrit et arrivés jusqu'à notre époque et même aujourd'hui, ils le font. Pareillement, ils ont démontré qu'Ibn Taymiyya, Shawkânî et leurs semblables étaient égarés du chemin de Salaf as-sâlihîn et qu'ils traînaient les musulmans à la calamité et à l'Enfer. Ceux qui lisaient les livres intitulés **At-tawassuli bi 'n-Nabî wa bi's-sâlihîn, Ulamâ' al-muslimîn wa 'l-mukhâlifûn, Shifâ' assiqam** et sa préface **Tat'hîr al-fu'âd min danasi 'l-i'tiqâd,** comprendraient très bien que ces innovateurs de ces croyances hérétiques appelées Salafiyya étaient en train de pousser les musulmans dans la calamité et de détruire l'Islâm de l'intérieur.

De nos jours, on entend et on voit souvent les mots "Salafiya", "le salafisme", "les Salafites". Tout musulman devrait savoir tout d'abord qu'il n'existait pas en Islâm une voie nommée la **"madhab Salafiya"**. En Islâm, il y avait seulement la madhhab **"Salaf as-sâlihîn"**. Salaf as-sâlihîn est le nom des musulmans de deux siècles premiers de l'Islâm, loués et glorifiés par le hadîth sharîf. Et les savants du troisième et de quatrième siècle sont nommés **"Khalaf as-sâdiqîn"**. Et la croyance (i'tiqâd) de ces gens honorables est nommée **"madhhab d'Ahl as-Sunnah wa 'l-Jamâ'a"**. Cette madhhab est la voie, l'école de la foi, de la croyance. La foi de Salaf as-sâlihîn, c'est-à-dire celle d'Ashâb al-kirâm et de Tabî'in al-i'zâm étaient la même foi. En ce qui concerne leur croyance, il n'y en avait aucune différence. Aujourd'hui, la majorité des musulmans dans le monde est de la madhhab Ahl al-sunna. Tous les soixante-douze groupes égarés de l'Islâm sont apparus après le deuxième siècle. Bien que les fondateurs d'une partie de ces sectes égarés aient vécu d'avant, la publication de leurs livres, leur apparition en communauté et leur opposition contre Ahl-i sunnah ont commencé après Tâbiîn-al i'zâm.

C'est Rasûlullâh "sallallahu alaihi wa sallam" qui a révélé la croyance Ahl al-sunna. Et Ashâb al-kirâm (Compagnons) ont pris les connaissances de foi de cette source. Et Tâbiîn al-i'zâm ont appris toutes ces connaissances d'Ashâb al-kirâm. Et tous ceux qui leur succèdent ou qui sont venus après, les ont appris de ceux-ci. Ainsi, les connaissances d'Ahl sunna nous sont parvenues par voie de transmission et de tawâtur. Car, elles n'auraient pas été acquises, elles n'auraient pas été perçues par l'intelligence; l'intelligence ne pourrait pas les dénaturer; seulement, elle aide les gens à les comprendre. C'est-à-dire, il faut de l'intelligence pour les concevoir, percevoir et comprendre leur véracité et pour évaluer leur mérite, leur valeur. Tous les savants de hadîth étaient de la croyance Ahl sunna. Les imâms de quatre écoles de jurisprudence aussi étaient de cette madhhab. Mâ'turîdî et Ach'âri, les deux imâms de notre madhhab en i'tiqâd étaient aussi dans la madhhab Ahl sunna. Ces deux imâms avaient tout le temps promulgué cette madhhab. Ils l'avaient défendue toujours contre les hérétiques et les matérialistes enfoncés dans les marécages de l'ancienne philosophie grecque. Bien qu'il s'agit d'une contemporanéité, -car ils avaient vécu à la même époque-, et qu'ils aient de différentes méthodes de défense et de critique, -car, ils vivaient dans les lieux différents et les méthodes et raisonnements de leurs adversaires étaient différents -, tout ceci ne signifiait pas qu'ils avaient de différente madhab. Des centaines de milliers d'éminents savants et de walî's vécus après eux avaient étudié les livres de ces deux grands Imams et avaient rapporté unanimement qu'ils étaient tous les deux de la madhhab Ahl sunna. Les savants Ahl as-sunna ont pris les bases scripturaires explicites **"Nass dhâhir"**, c'est-à-dire, ils ont considéré les sens explicites des versets (âyat al-karîma) et des hadiths al-sharîf, et ils n'ont pas les interprétées (ta'wil) sauf le cas de nécessité (dharûra). Non plus, ils n'ont pas fait de modifications de sens, ils n'ont pas y introduit leurs opinions et savoirs personnels. Par contre, ceux qui sont des sectes hérétiques, ceux qui sont anti-madhhab n'ont pas évité de faire des altérations, sous l'effet de leurs acquisitions des anciens philosophes grecs et des imitateurs des scientifiques hostiles à la religion, sur les préceptes de la foi et sur les prières (ibâda).

A la suite de la dislocation de l'État Ottoman, garde de l'Islâm, le serviteur des savants Ahl as-sunna "radiallahu taâlâ alaihim ajma'în", succombé aux tentatives des missionnaires durant des siècles, aux politiques odieuses de l'Empire britannique et aux recours à la puissance matérielle de toutes sortes, les antagonistes, les opposants et opposés aux écoles de la jurisprudence de l'Islâm ont trouvé le champs libre et ils ont profité de cette occasion. Ils ont commencé à détruire l'Islâm de l'intérieur, à attaquer Ahl sunna avec les mensonges et les ruses diaboliques surtout dans les pays comme en Arabie Saoudite où il n'y avait pas de liberté d'expression pour les savants Ahl as-sunna. Des innombrables monnaies d'or distribuées par l'Arabie Saoudite, les Wahabites, ont contribué la propagation de cette mouvance agressive dans tous les côtés du monde. Pareillement, des informations issues de Pakistan, d'Inde et des pays d'Afrique ont démontré que plusieurs fonctionnaires religieux, hommes de religion qui ne connaissaient pas bien la science religieuse et privés de la crainte d'Allah ont aidé ces agresseurs à propager leurs idées hérétiques et ont obtenu des postes et des biens immobiliers en échange de leurs services. Et ceux-ci avouaient sans le moindre scrupule qu'ils avaient été récompensés de leurs efforts malins pour avoir égaré les jeunes gens de la voie d'Ahl sunna, de leurs trahisons pour avoir abusé les gens.

Il est écrit comme le suivant dans un passage de l'un de leurs publications qui visaient à abuser l'étudiant de madrassa, à égarer les enfants des musulmans:"J'ai écrit ce livre pour anéantir le sectarisme, le fanatisme des madhhabs et pour assurer vivre pacifiquement chacun dans sa voie", disait-il l'auteur. Cet homme voulait dire qu'il fallait attaquer Ahl sunna et mépriser les savants d'Ahl sunna pour anéantir le soi-disant sectarisme sur la madhab. Il plantait un poignard dans le cœur de l'Islâm, cependant il disait qu'il voulait que les musulmans vivent dans la paix. Dans un autre passage de son livre, "si quelqu'un a un effort de réflexion, il atteint dix récompenses s'il fait la bonne réflexion; il atteint une récompense s'il y commet une erreur", disait-il. D'après lui, chaque homme, soit chrétien, soit païen, soit polythéiste, serait récompensé pour son tout raisonnement, toute réflexion; de plus, dix récompenses (thawâbs) pour ses réflexions correctes! Tenez, comment il modifiait le hadîth béni de notre Prophète (sallallahu alaihi wa sallam)! Quelle ruse, faisait-il! Dans le hadith sharîf, c'est dit: **"Un mujtahid atteint dix récompenses s'il fait la bonne**

comparaison, le juste avis juridique pendant son effort pour tirer un jugement des versets (âyat al-karîma) et de hadith sharîf, il atteint une récompense (thawâb) s'il commet une erreur dans son effort". Le hadith sharîf montre que ces récompenses n'étaient pas pour tous ceux qui avaient une réflexion, mais elles étaient pour un grand savant compétent ayant atteint le degré de savoir le permettant le droit d'Ijtihâd. Par ailleurs, cette récompense n'était pas pour tout effort du mujtahîd, elle était pour son effort dans le but d'extraire des jugements (ahkâm), des règles liés aux actes des Nass (bases structuraires). Car, cet effort de Mujtahid était une prière. Il lui est accordé des récompenses comme il en est accordé pour toute prière.

Quand les circonstances de vie changeaient et dans ce contexte plusieurs nouvelles problématiques paraissaient à l'époque de Salaf assâlihîn et de celui des savants mujtahîds qui étaient leurs successeurs, c'est-à-dire jusqu'à la fin des années de quatre cent de l'Hégire, les savants mujtahîds ont tenté jour et nuit de traiter une matière, une question en consultant les quatre sources nommées **"Adilla al-shariyya"** (Loi islamique), et ensuite, tous les musulmans les ont pratiqués en suivant la déduction des Imâms de sa propre madhab. Ainsi les pratiquants aussi atteignaient dix ou une récompense. En ce qui concerne la pratique de la Loi, on agissait selon les déductions de ces mujtahîds même après le quatrième siècle de l'Hégire. Et aucun musulman n'a eu une affaire inextricable, sans issue dans ses actes depuis ces époques-là. Etant donné qu'un savant, un mufti ne se sont pas élevés après eux, même du septième niveau des mujtahids, il nous faut pratiquer aujourd'hui nos prières et apprendre notre religion et vivre suivant un musulman compétent et capable de comprendre les œuvres des savants de l'une de quatre madhabs ou en étudiant les œuvres traduites par lui. Allâhu ta'âlâ a mis le huqm (jugement, règle) de tout dans le Qur'ân al-karîm. Et Son Sublime Prophète Muhammad alaihissalâm a expliqué tout. Et les savants Ahl sunna ont enregistré dans leurs livres tous ceux qu'ils ont appris de Sahâba't al-kirâm (Compagnons). A présent, tous ces livres existent dans tous les pays du monde. On pourrait traiter une question, une problématique à surgir jusqu'au Jugement dernier et dans tous les côtés du monde, par analogie avec une matière des ces livres. La possibilité d'établir une analogie est un miracle du Qur'ân al-karîm et le karama (prodige) des savants de l'Islâm. Seulement, il faut demander et apprendre d'un vrai musulman Ahl sunna comment traiter le sujet confronté; et c'est important. Si on le demandait à un religieux hérétique sans madhab de la répondre, il pourrait égarer l'homme en donnant une réponse discordante avec les livres de fiqh.

Nous venons de signaler ci-dessus que les jeunes gens étaient leurrés par des ignorants de religion sans madhab qui pouvaient parler en arabe à la suite de leur séjour de quelques années dans les pays arabes où ils passaient leurs jours dans la débauche en commettant toutes sortes de péchés et qui retournaient en Pakistan, en Inde, etc., après avoir reçu un morceau de papier cacheté et accordé par un autre antagoniste des madhabs. En voyant leur faux diplôme et qu'ils pouvaient parler la langue arabe, les jeunes gens croiraient que ceux-ci étaient des spécialistes en religion. Cependant, ceux-ci étaient incapables de comprendre un livre de fiqh. Ils ignoraient les connaissances de fiqh dans les livres. D'ailleurs, ils ne croyaient pas à la science de fiqh, ils la définissaient comme bigoterie, sectarisme. Autrefois, les savants en Islâm répondaient les questions posées selon les livres de fiqh. Quant à ces religieux opposés aux madhhabs, ils répondent une question posée selon leurs propres opinions à courte vue parce qu'ils ne comprennent pas ce que disait le livre de fiqh, et ainsi ils induisent en erreur la personne qui leur a demandé de répondre et conséquemment, ils lui causent d'aller en Enfer. C'est la raison pour la quelle, notre Prophète (sallallahu alaihi wa sallam) a dit: **"Un bon savant est le meilleur des gens. Un mauvais savant est le pire des gens".** Ce hadith sharîf démontre que le savant de l'Ahl sunna est le meilleur des gens. Et ceux qui sont opposés aux madhhabs sont les plus mauvais des gens. Car, les premiers invitent les gens à suivre Rasûlullâh, c'est à dire au Paradis, et les seconds induisent les gens à obéir à leurs idées hérétiques, c'est à dire à l'Enfer.

Ustâd Ibn Khalîfa Alîwî, diplomé de l'Université Islâmique de Jâmi'al-Azhar en Egypte écrit comme le suivant dans son livre intitulé **"Aqîdat as-Salafi wa'l khalaf"**: "Comme Allâma Abû Zuhra a écrit dans son livre intitulé **"Târîkh al-madhâhibi 'l-Islâmiyya"**, quelques hommes séparés de la madhhab Hanbalite se sont nommés **"Salafiyyîn"**. Abu 'l-Faraj ibn al-Jawzî "rahmatullahi taâlâ alaih" et les autres savants de la madhhab Hanbalîte ont proclamé que ces Salafites n'étaient pas ceux qui suivaient Salaf as-sâlihîn, mais qu'ils étaient d'ahl-i bid'a, des gens innovateurs du groupe Mujassima, et ainsi, ils ont empêché la propagation de cette fitna (discorde). Au septième siècle de l'Hégire, Ibn Taymiya a enflammé de nouveau cette discorde"[1].

Ceux qui sont opposés aux madhabs Ahl sunnah se sont nommés **"Salafiyya ou Salafites"**. Ils disent qu'Ibn Taymiya était le grand imâm des Salafites. A un égard, c'est vrai, parce qu'il n'y avait pas un nom appelé **"Salafiya"** avant lui. Il y avait seulement Salaf as-sâlihîn. Et la croyance de ces derniers était sur la madhhab Ahl sunna. Les idées hérétiques d'Ibn Taymiya ont été une source pour les Wahhabites et pour les autres gens sans madhhab. Ibn Taymiya a été éduqué d'abord à la madhhab Hanbelite. C'est à dire, il était un sunnite. Mais, au fur et à mesure qu'il a approfondi ses connaissances et qualifié pour émettre de fatwa, il a commencé à se prévaloir de son éminence dans le sentiment de sa supériorité aux savants d'Ahl sunna "rahmatullahi taâlâ alaihim ajma'în". Mais son érudition lui a causé son aberration, son erreur (dalala). Il a tranché ainsi son lien de croyance avec la voie Hanbalite; en d'autres termes, il s'est évince lui-même de la madhab Hanbalite. Car, qu'il faut avoir la croyance Ahl-i sunna pour être un adhérant de l'une de quatre madhhabs. C'est pourquoi, on ne pourrait pas dire qu'il était de l'école Hanbal, pour quelqu'un qui n'avait pas la croyance Ahl sunna.

Les opposants aux madhabs Ahl al-sunna médisent à toute occasion les religieux Ahl sunna "rahmatullahi taâlâ alaihim ajma'în" dans les pays où ils vivent. Ils recourent à toutes sortes des ruses pour empêcher l'apprentissage des instructions Ahl sunna et la lecture des œuvres des savants de la Sunna. Par exemple, l'un de ceux-ci, "un pharmacien, un chimiste, qu'est ce qu'il comprend de la religion! Il devrait s'occuper de ses affaires, il devrait ne pas se mêler de nos affaires! Chacun son boulot!" , disait-il, en mentionnant le nom de ce fakîr. Regardez ce propos ignorant et déraisonnable! Il croyait que les scientifiques n'avaient pas de connaissances religieuses. Il ne savait pas qu'un scientifique musulman observait tout le temps l'œuvre Divine, et qu'il concevait l'attribut de perfection du Créateur suprême exposée sur l'œuvre d'art universelle et qu'il disait toujours des formules de glorification (at-tasbîh) et de transcendance (at-tanzîh) pour Allah Le Tout Puissant en témoignant l'impuissance des créatures

---

[1] Dans le livre de trois cent quarante page, il écrit en détail les divers bid'a des Salafites et des Wahabites et leurs calomnies, leurs diffamations contre Ahl sunna et les réponses données pour ces calomnies. Le livre a été imprimé en 1398 de l'Hégire [en 1978] à Damas.

devant Sa puissance infinie. Max Planck, un physicien nucléaire allemand expliquait cela clairement dans son livre intitulé **"Der Strom"**. Mais Cet ignorant qui n'a pas de madhhab croit qu'il détenait le monopole des instructions religieuses en sa propre possession en comptant sur l'attestation lui accordée à l'étranger par un hérétique comme lui et sur la chaire qu'il occupe et en étant enthousiasmé peut-être de rêve des ors distribués à l'étranger. Qu'Allah Le Tout Puissant accorde à ce pauvre malheureux et à nous tous de nous corriger! Qu'IL accorde la délivrance aux innocents et purs jeunes gens tombés dans les pièges des voleurs de religion diplômés! Amîn.

En effet, j'ai servi humblement mon peuple durant plus de trente ans en tant qu'un pharmacien et ingénieur chimiste diplômé. Mais, j'ai fait sept ans mes études religieuses, en les étudiant jour et nuit, et j'ai été honoré d'avoir reçu mon ijâza (diplôme) délivré par un savant éminent en Islâm. Je me suis rendu compte de mon impuissance et imperfection m'étant abaissé devant la grandeur de la science et des connaissances religieuses. En ce sens, j'ai tâché d'être un serviteur digne, d'agir dûment pour exécuter les devoirs humains. Ma crainte et mon souci les plus grands, c'était que je présumerais, en me leurrant peut-être par les étoiles de mes diplômes et de mon ijâza, que je serais l'une des autorités en ces matières. Il est évident que chaque mot que j'utilise reflète cette crainte. Je n'ai jamais osé d'écrire mon propre opinion, mon avis personnel. J'ai essayé toujours d'offrir les précieux et admirables livres des savants Ahl sunna qui enthousiasmaient ceux qui les comprenaient, à mes jeunes frères en les traduisant de l'arabe ou du persan. Et en raison de la grandeur de cette crainte, je n'ai pas envisagé d'écrire des livres. J'ai commencé à m'inquiéter quand j'ai lu le hadith al-sharîf suivant cité à la première page du livre **"Sawâiq-ul Muhriqa"**: **"Lors d'une fitna (discorde), que quiconque connaît la vérité en informe les autres! S'il ne le fait pas, soit l'objet de la malédiction d'Allah et celle des hommes!"** D'une part, j'apercevais ma médiocrité quand j'apprenais l'intelligence et la compréhension prééminentes des savants Ahl sunna en ce qui concerne leur acquis de la science et des connaissances religieuses et leurs efforts pour l'obéissance aux prières ('ibâdât) et la dévotion (taqwâ), et que je considérais tout ce que je savais comme une goutte par comparaison aux océans de science de ces grands savants; d'autre part, je déplorais de voir que le nombre des gens pieux capables de lire et comprendre les œuvres des savants Ahl sunna diminuait, mais les gens égarés et hérétiques s'impliquaient parmi les autorités religieuses et écrivaient des livres hérétiques et déviés, et j'en étais consterné, horrifié de la menace de malédiction mentionnée dans le hadith sharîf. Cependant, ma compassion, mon affection que j'éprouvais pour mes chers frères jeunes a poussé ce fakîr au service et j'ai commencé à traduire des textes que j'ai choisis des livres des savants Ahl sunna. A côté des appréciations et des félicitations que j'ai reçues, j'ai été en butte aux diffamations, aux remarques et aux répréhensions de quelques hérétiques. Comme je n'ai jamais de doute sur ma sincérité et fidélité envers mon Rab et ma conscience, j'ai continué à servir en m'appuyant sur Allâhu ta'âlâ (tawakkul) et en suppliant à travers l'âme bénie de Son Messager "sallallahu alaihi wa sallam" et celles de Ses pieux serviteurs (tawassul). Qu'Allahu taâlâ nous guide tous sur le droit chemin qu'IL agrée! Amîn.

Le grand savant Hanafite Muhammad Bahît al-Mutî'î, l'un des professeurs de l'Université de Jâmi' al-Azhar en Egypte, écrit dans son livre intitulé **"Tat'hîr al-fu'âd min danisi 'l-i'tiqâd"** que ceux qui possèdent l'âme suprême et perfectionnée parmi les êtres humains, ce sont les Prophètes "'alaihimu 's-salâtu wa 's-salâm". Les Prophètes sont exempts de commettre une erreur, de s'embrouiller, de l'inconscience, de trahir, de l'intransigeance et de l'obstination, de l'incontinence et d'avoir de la haine et de l'animosité. Les Messagers "'alaihimu 's-salâtu wa 's-salâm" communiquent et expliquent les révélations Divines. Tous ceux qu'ils ont annoncés, les bases de la Loi, les connaissances religieuses, les commandements et les interdictions sont tous droits. Aucun d'eux n'est nul ni faux. Les gens prééminents et perfectionnés après les Prophètes "salawa't-ulla⟨°⟩hi taâlâ alaihim ajma'în", ce sont les Compagnons (Sahâbas) des Prophètes. Car, ceux-ci sont éduqués, perfectionnés et purifiés à la sohba, en compagnie de guidance spirituelle des Prophètes. Ils ont rapporté et expliqué toujours ceux qu'ils ont entendus des Prophètes. Tous ceux qu'ils ont rapportés sont tous droits. Ceux-ci aussi sont exempts des défauts cités ci-dessus. Ils n'ont jamais eu des propos antagonistes, opposés les uns aux autres avec l'intransigeance et de l'obstination dans l'incontinence. Leurs efforts de réflexion pour interpréter les prescriptions sacrées (ijtihâd) et leur exposé pour révéler la Loi aux serviteurs humains sont une grande faveur d'Allah Le Très-Haut pour cet umma' et Sa compassion pour Muhammad alaihissalâm, Son Prophète bien-aimé. Le Qur'ân al-karîm dénote qu'Ashâb al-kirâm

(Compagnons) étaient durs contre les polythéistes mais très compatissants envers les uns les autres, ils s'aimaient, ils effectuaient très soigneusement leurs prières de salât et qu'ils attendaient tout et le Paradis seulement d'Allahu ta'âlâ. Touts leurs ijtihâds qui concernent al- ijmâ' (unanimité) sont tous droits. Tous ont atteint des récompenses, parce que le droit (haqq) n'est qu'un.

Les prééminents des êtres humains après Ashâb al-kirâm (Compagnons) sont les musulmans qui ont vu Ashâb al-kirâm et qui sont éduqués en compagnie et guidance spirituelles (à la sohba) d'Ashâb al-kirâm. Ceux-ci sont nommés **"Tâbi'în"**. Ils ont tout acquis en compagnie d'Ashâb al-kirâm. Après les Tâbi'în, les prééminents des êtres humains sont les musulmans vus les **Tâbi'în** et éduqués à leur sohba, en leur compagnie; ceux-ci sont nommés **Taba' at-Tâbi'în**. Et aux siècles qui se succèdent, les meilleurs, les supérieurs des êtres humains jusqu'au Jugement Dernier sont les musulmans qui suivent les instructions, la voie de ceux-ci. Parmi les religieux venus après Salaf as-sâlîhîn, celui qui est raisonnable, intelligent et qui ne dépasse pas les limites de l'Islâm, qui n'abandonne jamais le chemin de la croyance et de l'acte conforme aux paroles de Rasûlullah et de Salaf as-sâlîhîn, n'aurait jamais peur de la médisance, de la diffamation des autres; il ne s'égarerait pas du droit chemin devant les détractions des autres; il ne suivrait jamais les idées, la voie déviées des détracteurs, des ignorants. Il ne sortirait pas selon son propre raisonnement de quatre madhabs des imâms mujtahids. Les musulmans devraient chercher un tel savant, lui demander et apprendre ce qu'ils ne savaient pas et devraient agir exactement en accordance avec ce que disait ledit savant. Car, un tel savant savait et expliquait la méthodologie du traitement des maladies spirituelles, c'est-à-dire les remèdes spirituels qu'Allâh Le Très-Haut a créés pour protéger et assurer Ses serviteurs humains de l'erreur afin qu'ils fassent correctement ce qu'ils font. Un tel savant traite et soigne les malades spirituels, les manqués de perceptions. Chaque mot, chaque exposé, chaque acte et chaque croyance d'un tel savant sont convenables à l'Islâm. Il comprend tout d'une manière pertinente. Il répond chaque question d'une manière pertinente. Allah Le Très-Haut agrée tout ce qu'il fait. Il montre les chemins qui conduisent à l'agrément d'Allah Le Très-Haut à ceux qui veulent atteindre Son agrément. Allahu ta'âlâ sauve des ténèbres et des ennuis ceux qui ont la foi en Lui et qui exécutent ses obligations. IL les fait atteindre la paix intérieure, à la lumière (noûr), le bonheur. Ils vivent toujours et partout dans la tranquillité et dans la sérénité. Et au Jour du Jugement Dernier, ils sont avec les Prophètes, les Siddîqs, les martyrs et les pieux.

Si un religieux ou une autorité religieuse, qu'il vive à n'importe quel siècle, s'il ne suivait pas et n'observait pas ceux qu'avaient dit le Prophète et ses Compagnons (son Ashâb), et s'il ne leur obéissait pas dans ses actes, ses paroles et en croyance et si tout ce qu'il fait n'était pas conforme à ceux qu'ils avaient émis et s'il outrepassait l'Islâm en agissant selon son propre raisonnement et son nafs et s'il opposait aux subtilités de l'Islâm, et s'il sortait de quatre madhabs en ce qui concerne les matières qu'il ne comprenait pas, on comprendrait qu'il était un mauvais religieux ou une autorité religieuse défectueuse. Allah, Le Très-Haut, l'a scellé le cœur. Ses yeux ne sont pas capables de voir le droit chemin. Ses oreilles ne sont pas capables d'entendre le mot droit. Au Jour du Jugement Dernier, il y aura un grand châtiment pour lui. Allâhu ta'âlâ ne l'aime pas. Ceux qui sont comme lui sont hostiles aux Prophètes. Ils se croient qu'ils sont sur la bonne voie. Ils apprécient tous ceux qu'ils font. En fait, ceux-ci sont sur le chemin du diable. Parmi ceux-ci, le nombre de ceux qui ont regretté et qui s'en sont repentis et qui sont revenus sur le droit chemin est très peu. Ceux-ci utilisent un langage charmant et clinquant. Ils ont une rhétorique illusoire. Au contraire, tous ceux qu'ils apprécient sont néfastes et détestables. Ils leurrent les déraisonnés et les stupides, ils les font courir ainsi à la calamité, au chemin égaré. Leurs propos apparaissent comme les tas de neige luisante et sans tache. Mais ils se fondent sous le soleil de vérité. Ces mauvais religieux de qui les cœurs sont noircis et scellés par Allâhu ta'âlâ sont appelés **"Ahl al-bid'a"** (Gens de bid'a; innovateurs); en d'autres termes, ce sont des religieux opposants aux madhhabs, antagonistes aux madhhabs de l'Islâm. Les croyances et les actes de ceux-ci ne sont pas conformes au Qur'ân al-karîm et aux hadiths al-sharîf. Ceux-ci sont des gens égarés du droit chemin de l'Islâm et ils traînent aussi les musulmans à la calamité éternelle. Les gens qui suivent la voie de ceux-ci iront en Enfer. A l'époque de Salaf as-sâlihîn et parmi les religieux venus après eux, il y'avait tellement de religieux égarés comme ceux-ci. La présence de ceux-ci parmi les musulmans est semblable à un organe gangréné [ou cancéreux] d'une personne. Si on n'éliminait pas la tumeur, les organes sains non plus, ils ne pourraient pas se sauver d'être atteints d'une métastase. Ceux-ci sont semblables aux gens qui portent des microbes d'une maladie contagieuse.

Ceux qui s'approchaient de ceux-ci auraient le risque d'en être atteints. Donc, il faut éviter de ne pas s'approcher de ceux-ci pour ne pas en être atteint.

L'un des religieux déviés et de l'hérésie qui ont porté atteinte aux musulmans, à l'Islâm et à tout le monde, c'est Ibn Taymiya. Comme il est évident dans livres particulièrement dans son livre intitulé **"al-Wâsitiyya"** qu'il s'est séparé de **"Ijmâ'al-muslimîn"** et il a contredit ceux que le Qur'ân al-karîm et les Hadiths al-sharîf clairement révélaient. Il a dévié ainsi de la voie de Salaf as-sâlihîn (les pieux prédécesseurs). Il a choisi l'hérésie en raisonnant faux et selon les règles de sa fausse logique fallacieuse. Il avait de l'érudition. Allâh Le Très-Haut en a fait une cause de son hérésie, de son égarement. Il a succombé à ses tentations. Il a tenté d'émettre ses idées hérétiques comme si elles étaient pertinentes.

Un grand savant, Ibn Hajar al-Makkî "rahmatullâhi ta'âlâ 'alaih", écrit dans son livre **"Fatâwâ al-hadîthiyya"**: "Allâhu ta'âlâ a mis Ibn Taymiya en erreur, en hérésie. IL lui a aveuglé les yeux et lui a assourdi les oreilles. Plusieurs savants ont dévoilé et mis en évidence que ses propos étaient erronés et faux et ils les ont prouvés avec leurs arguments. Ceux qui lisaient les ouvrages du grand savant Abu Hasan as-Subkî, de son fils Tâj ad-dîn as-Subkî et de celui d'Imâm al-'Izz ibn Jamâ'a et qui étudiaient les critiques faites par les savants Hanafites, Chafiîtes et Malikîtes comprendraient bien la véracité de notre détermination".

Ibn Taymiyya a diffamé aussi les grands savants de tasawouf. Surtout, il n'a pas évité d'attaquer Hadrat Omar et Hadrat Ali, deux piliers fondamentaux de la religion. Par outrance, il a dépassé la dose, a excédé la mesure et la pudeur, même il a tiré la flèche contre les rochers escarpés, tellement il a défini les savants du droit chemin comme comme ignorants, déviés et gens de bid'a.

Ibn Taymiyya disait que "les idées erronées des anciens philosophes grecs, antinomiques et incompatibles avec l'Islâm, étaient introduites dans les livres des docteurs de tasawouf (soufisme)" et il essayait de le démontrer avec ses idées déviées et déraisonnables. Ici, les jeunes qui n'étaient pas au courant de la vérité de la chose pourraient s'égarer du droit chemin en se laissant leurrer par les énoncés clinquants d'Ibn Taymiya. Par exemple, "les docteurs du tasawouf disent qu'ils voyaient la **"Lawh al-mahfouz"** (la Table gardée). Les philosophes comme Ibn Sînâ (Avicenne) appellent cela **"Nafs al-falakiyya"** (l'âme rationnelle) ou Nafs falakî. L'âme des êtres humains perfectionné se réunit avec l'âme rationnelle ou avec **"Akl al-fa'al"** dans le sommeil ou au réveil. Ce sont ces deux âmes qui causent tout dans le monde. Et ils disent que quand l'esprit de l'homme se réunit avec ces deux, il entend ce qu'il se passe chez eux. Ceux qui les disaient, ce n'étaient pas des philosophes grecs. C'était Ibn Sina (Avicenne) et ses semblables. Imâm al-Abû Hâmid Ghazali, Muhyiddîn-ibn'al-arabî et le philosophe d'Andalousie, Kutbuddin Muhammed Ibn'al-Sab'în aussi ont dit des choses pareilles. Ce sont les paroles des philosophes. En Islâm, il n'y a pas de telles choses. Ceux-ci se sont égarés du droit chemin en raisonnant de cette manière. Ils deviennent impies comme les hérétiques de Chi'a, Ismailiyya, Karamîtî et Bâtinî. Ils ont quitté le chemin droit des savants de la sunna et de hadith et de Fudayl bin Iyâd, un docteur en tasawouf d'Ahl al-sunna. D'une part, ils se sont adonnés à la philosophie et d'autre part, ils ont lutté contre les groupes Mutazila et Kuramiyya. Les gens de tasawouf se divisent en trois groupes. Les premiers sont des gens de hadith et de sunna. Les seconds sont des gens de bid'a comme comme le groupe Kuramiyya. Les troisièmes sont ceux qui sont dans la voie définie dans livres **"al-Ikhwân al-Safâ'"** (Les Épîtres des frères de la pureté) et les paroles d'Abu Hayyân. Ibn Arabî, Ibn Sab'în et les semblables ont transformé les propos des philosophes et ils les ont exposé comme ceux des gens de tasawouf. Le livre d'Ibn Sinâ (Avicenne), intitulé **"al-Akhir 'al-Isharat al'â maqam'il arifîn"** est plein de ces exemples. Aussi, Al-Ghazali avait écrit pareillement dans ses ouvrages intitulés **"Al-kitab'al-madnûn"** et **"Mishkat al-anwâr"**. Même, son ami Abu Bakr Ibn al-Arabi l'avait averti qu'il était impliqué en philosophie et il avait essayé de le sauver mais il n'avait pas pu réussir. Imâm al-Ghazali avait dit d'autre part que les philosophes étaient des infidèles. A la fin de sa vie, il a lu **"Bukhârî"**. Il y a aussi de ceux qui disent qu'il a renoncé ainsi à ses propos. Quelques autres disaient que ces propos étaient proposés pour calomnier Imâm al-Ghazali. Il y a beaucoup de rumeurs en défaveur de l'Imâm. A ce propos, al-Muhammad Mâzari, l'un des savants Maliqîte, élevé en Sicile et al-Turtûshî, l'un des savants d'Andalousie et Ibn al-Jawzî et Ibn al-Ukayl et les autres ont dit beaucoup de choses".

Les assertions ci-dessus d'Ibn Taymiyya mettent en évidence son mépris contre les savants de la Sunna. Ainsi, il médit même les notables d'Ashâb al-kirâm (Compagnons). Il stigmatise et qualifie plusieurs savants de la Sunna comme hérétiques et déviés. A propos, comme il a médit le grand walî et le qutb al-'ârifîn Hadrat Abu 'l-Hasan ash-Shâdhilî en raison de ses ouvrages **Hizb al-kebîr** et **Hizb al-bakhr** et a commis des diffamations odieuses contre Muhyiddîn Ibn al-'Arabî, 'Umar ibn al-Fârid, Ibn Sab'în et Hallâj Husain ibn Mansûr, les savants de son époque ont unanimement déclaré qu'il était fâsiq (pervers) et innovateur (gens de bid'a). Même, quelques 'uns ont émis de fatwâ qu'il était un mécréant. ['Abd al-Ghanî an-Nabûlûsî, le savant éminent, a écrit aux pages 363 et 373 de son livre **"Al-Hadîqat an-nadiyya"** les noms de ces docteurs éminents de tasawouf (soufisme) et a indiqué qu'ils étaient des walîs et que ceux qui les médisaient, étaient des ignorants et des déboussolés]. Dans une lettre écrite à Ibn Taymiyya, en 705 de l'Hégire [en 1305], il est dit: "Ô mon frère de religion, qui se prend pour un grand savant et l'Imam de son époque! Je t'aimais pour avoir l'agrément d'Allah. Je désapprouvais ceux qui t'opposaient. Mais, je suis maintenant dans un grand étonnement quand j'ai entendu tes propos incompatible avec l'appréciation. Un homme raisonnable doutait-il du commencement du soir après le soleil coucher? Tu m'avais dit que tu étais sur la bonne voie et que tu faisais **"al-amru bi 'l-ma'rûf wa 'n-nahyi 'ani 'l-munkar"**. Seul Allâhu ta'âlâ sait ton intention et ton but. Mais, la sincérité (ikhlâs) d'un homme se manifeste dans ses actes. Tu te contredis en parlant ainsi et tes actes dévoilent tes propos. Tu blasphèmes non seulement tes contemporains mais aussi tu stigmatises et méprises les morts avec les mots de mécréance en te soumettant à ce qui succombent à leurs tentations et qui raisonnent défectueusement. Tu as diffamé non seulement les successeurs de Salâf as-sâlihîn tu as diffamé aussi Ashâb al-kirâm et les éminents et les notables de Sahâbat al-kirâm. Peux-tu imaginer ton état quand ces grands te revendiqueraient leurs droits au jour du Jugement Dernier? Quand tu étais sur le minbar (chaire) de la mosquée de Jâmi' al-jabal à Sâlihiyya, tu disais que Hadrat 'Umar "radiy-Allâhu ta'âlâ 'anh" avait des propos pleins d'erreurs et de malheurs. Quels sont ces malheurs? De quel malheur as-tu entendu de Salâf as-sâlihîn? Tu dis que Hadrat Alî "radiy-Allâhu ta'âlâ 'anh" avait plus de trois cent erreurs. Si Hadrat Alî en avait plus de trois cent, est-il possible que tu aies un propos droit et correct? A partir de ce moment-ci, je t'opposerai, je lutterai contre toi. Je tenterai de protéger les musulmans de ton mal. Car, tu as déjà et furieusement dépassé les limites. Tu tourmentes tous les morts et les vivants. Les musulmans devraient éviter ton mal".

Taj ad-dîn as-Subkî classait comme le suivant les matières sur lesquelles Ibn Taymiyya s'est séparé de Salâf as-sâlihîn:

1– "L'acte de talâq (répudiation, divorce) n'est pas valable. Il faut de l'expiation du serment", dit-il. Mais, aucun des docteurs en Islâm qui le précédait n'a pas dit qu'il en faudrait.

2– "Le divorce prononcé pour une femme à menstrues ne serait pas valable", dit-il.

3– Il dit "qu'il ne faut pas de rattrape (qadâ) d'une prière de salât manquée sciemment et intentionnellement", dit-il.

4– "Il est mubâh (licite) pour une femme à menstrues de faire la circumambulation (tawâf) autour de la Kaaba. Cependant il n'en faut pas d'expiation (kaffâra)", dit-il.

5– Il dit que le talâq prononcé en trois ne deviendrait qu'un. Cependant, il y a des années, il avait dit que "ijmâ al-muslimîn" (consensus des docteurs musulmans) n'était pas de cette façon.

6– Il dit que les taxes hors la Loi (islâmique) sont halal (permises) pour ceux les imposent.

7– "Le recouvrement des impôts perçus ou encaissés sur le commerçant pourrait se substituer au zakât même s'il y n'avait pas l'intention", dit-il.

8– Il dit que l'eau ne serait pas sale (najs) si une souris est mort dans l'eau.

9– Il dit qu'il est permis pour celui qui est janâba (impureté rituelle) de faire la prière surérogatoire la nuit sans prendre la grande ablution (ghusl).

10– "Les conditions prescrites par une fondation pieuse (waqf) ne sont pas respectable", dit-il.

11– "Quiconque n'obéit pas l'ijmâ al-umma ne serait pas mécréant ni fâsiq (pervers, pécheur) ", dit-il.

12– Il dit qu'Allah, Le Très-Haut, est "mahall al-hawâdit" (réalités adventices), c'est-à-dire que Sa quiddité, Son essence est la substance (jawhar), une composition des molécules.

13– Il dit que le Qur'ân al-karîm est créé dans l'essence (dhât) d'Allâhu ta'âlâ.

14– Il dit que â'lam, c'est-à-dire chaque créature existe génétiquement.

15– Il dit que le Créateur a l'obligation de créer les bonnes choses.

16– Il dit qu'Allah Le Tout Puissant a de corps et de sens et qu'IL change de place.

17– Il dit que l'Enfer n'était pas éternel et qu'à la fin il s'éteindrait.

18– Il nie l'innocence des Prophètes.

19– Il dit que Rasûlullâh "sallallahu teâlâ alaihi wa sallam" n'avait pas de différence des autres gens et qu'il n'était pas jâiz (permis) de supplier, de faire des invocations par intermédiaire de lui.

20– Il dit qu'il est un péché d'aller à la Médine en ayant l'intention de visiter Rasûlullâh "sallallahu alaihi wa sallam".

21– Il dit qu'il est aussi harâm (défendu) d'y aller pour demander son intercession (son shafâa).

22– Il dit que les sens des versets de l'Evangile et de la Torah sont altérés, pas leurs mots.

Quoique certains savants aient dit que tous ces propos cités ci-dessus n'étaient pas entièrement à lui, il n'y a cependant personne qui dénie ce qu'il avait dit sur Allâhu ta'âlâ, qu'IL avait ses sens et qu'IL était une composition des substances. Pourtant, on a unanimement marqué qu'Ibn Taymiyya avait une énorme érudition, une profonde ignorance et une religiosité. Quelqu'un qui a de fiqh, de science, de justice et d'équité devrait bien étudier une matière, puis il devrait prudemment donner le jugement. Surtout, quand on juge sur l'infidélité, la mécréance, l'apostasie, l'égarement et l'exécution d'un musulman, il faudrait examiner bien la matière, être réservé et agir avec prudence. Le passage du livre **"Fatâwâ al-hadîthiyya"** d'Ibn Hajar al-Makkî "rahmatullâhi ta'âlâ 'alaih" s'est achevé ici.

De nos jours, c'est à la mode d'imiter Ibn Taymiyya. Il y a beaucoup de gens qui défendent ses idées hérétiques, qui publient ses ouvrages, surtout son livre intitulé **"al-Wâsitiyya"**. Ce livre est pleine, d'un bout à l'autre, de ses idées erronnées et incompatibles avec le Qur'ân al-karîm, les hadîths al-sharîf et ijmâ al-'umma. Il provoque une grande discorde (fitna) et division chez le lecteur et il sème la pagaille entre les frères. Les Wahabites en Inde et les ignorants religieux dans les autres pays islamiques tombés dans le piège de ces hérétiques en ont fait une bannière et appellent Ibn Taymiya avec les titres "le grand mujtahîd", "Cheikh al-Islâm". Ils considèrent ses idées hérétiques, ses propos aberrants et déviés comme la religion ou la foi. Pour cesser ce courant tragique qui détruit l'Islâm de l'intérieur et qui divise les musulmans, il faut absolument lire les ouvrages précieux des docteurs de la Sunna qui le refusent et qui le réfutent avec les preuves. Parmi ces ouvrages précieux, le livre intitulé **"Shifâ assiqâm fî ziyâr a ti khayri 'l-anâm"**[1] écrit en arabe par Taqî ad-dîn as-Subkî (rahmatullâhi ta'âlâ 'alaih), le grand imâm, le grand érudit de l'Islâm, brise les idées fausses d'Ibn Taymiyya, détruit ses dépravations et ses perversions et met en évidence son obstination. Il endigue la dissémination de ses convictions religieuses défectueuses et ses mauvaises volontés.

---

[1] Cet ouvrage précieux est publié en arabe par **"Hakîkat Kitabevi"** à Istanbul.

8

SOYONS BIENVEILLANTS ET AGISSONS AVEC BONTÉ!

Allâh Le Très-Haut aime l'homme de bien, l'homme de vertu. Quiconque recherche l'amour d'Allâhu ta'âlâ est appelé **"Sâlih"** (pieux), **"Bon"**. Celui qui a déjà atteint l'amour d'Allâhu ta'âlâ est appelé **"Walî"**, ou **"Awliyâ"**. Le Walî qui s'efforçait pour que les autres gens aussi soient "bons" est appelé **"Murshîd"**. Pour être un homme de bien, il faut être bon envers Allâhu ta'âlâ , envers notre Prophète et envers tous les êtres humains. Quiconque manque l'un de ces trois manières, il ne pourrait pas être qualifié "bon". Etre bon envers Allâhu ta'âlâ signifie croire en Son existence, en Son unicité, et qu'IL est le seul Créateur de tout. C'est seul par Sa Volonté qu'IL crée et fait exister tout ce que les êtres humains, tous les êtres vivants, tous les êtres inanimés, tous les corps et toutes les substances font et produisent. Etre bon envers Muhammad alaihissalâm veut dire croire et **"avoir la foi"** qu'il est le Prophète d'Allâhu ta'âlâ, qu'il est à la tête de tous les Messagers et de tous les êtres humains, qu'il est le plus important détenant le plus haut rang et que tout ce qu'il révèle était de la Parole Divine, et qu'il faut l'obéir. Ses paroles bénies sont nommées **"Hadîth al-sharîf"**. Pour l'obéir, pour croire en lui, Il faut apprendre bien ceux qu'il a dit, ceux qu'il a fait, ceux qu'il a traité, ceux qu'il a apprécié, ceux qu'il a méprisé, en bref ses paroles et ses actes. Autrement dit, il faut de la **"science"** (ilm).

Et les instructions indispensables, nécessaires pour un musulman sont appelées **"sciences islâmiques"**. Celles-ci se divisent en deux catégories: les **"sciences religieuses"** et **"connaissances scientifiques"**. Les connaissances religieuses concernent les **"règles canoniques"**, les **"préceptes divines"**, c'est-à-dire, connaissances et instructions relatives aux actes et à la foi ou à la croyance. Les règles canoniques, de la Loi, contient les obligations, les devoirs, les actes indispensables, favorables et bénéfiques appelés "fard" et actes interdits et maléfiques appelés "haram". Les connaissances religieuses sont révélées par Muhammad alaihissalâm. Celles-ci sont nommées **"l'Islâm"**. Les règles canoniques ou préceptes divines ou **"Ahkâm-al ilâhiyya"** ou **"Ahkâm al-islamiyya"** sont la Loi et elles sont de la science élémentaire islâmique. Les docteurs qui ont appris et qui enseigne correctement l'Islâm et qui l'expliquent dans leurs livres sont appelées **"les savants Ahl al-sunna"**. Les sources de la science des savants de la Sunna sont le **"Qur'ân-al karîm"** et les **"Hadith al-sharîf"**, et ils n'y ont rien introduit selon leurs propres avis. Ceux qui le font, c'est-à-dire celui qui introduit ses idées ou avis personnels dans ces sources sont appelés **"Ahl al-bid'a"** (Gens de bid'a, innovateurs blâmables) ou **"réformistes en religion"**, autrement dit, des gens de la hérésie. Les savants Ahl sunna sont des murshîds élevés au rand d'**"ijtihâd"**. Ils ont aussi des connaissances scientifiques de leur époque.

Un musulman qui apprend les règles des connaissances religieuses islamiques en compagnie, à la guidance spirituelle (à la sohba) d'un Murshîd al-kâmil (guide spirituel) acquiert aussi la lumière spirituelle effusée de son cœur béni. Cette effusion spirituelle, autrement le flux lumineux est appelé **"Fayz"**. De même que le soleil diffuse toujours des rayons, des lumières visibles, il diffuse aussi des rayons invisibles appelés "rayons UV" ou "rayons infrarouges", des rayons "Laser", des "Rayons Röntgen", "Rayons cathodiques", etc..Tous ces rayons ont des sources qui les produisent. Il y a aussi des lumières invisibles, des flux lumineux effusées et jaillissant toujours du cœur béni de Rasûlullâh. Elles sont appelées **"Nour"**. Ashâb al-kirâm, c'est-à-dire les Compagnons ont en acquis assez mais chacun dans la mesure de leur faculté de perception. La prédisposition de chacun est à la mesure de son obéissance à l'Islâm. Chacun de Sahâba al-kirâm était un savant de la Sunna. Chacun a acquis de ces lumières, de ces flux lumineux dans la mesure de sa prédisposition essentielle, de sa foi et de son amour pour Rasûlullah. Comme Abû Bakr al-Siddîq avait plus de foi et d'amour que tous les autres, il a acquis plus de flux lumineux que les autres. Aimer quelqu'un veut dire aimer aussi ceux qu'il aime, ne pas aimer ceux qui le tourmentent, obéir à ce qu'il recommande et servir. Le cœur humain est comme le corps phosphorescent. Il émet, reflète les lumières qu'il reçoit. Les lumières émises des cœurs d'Ashâb al-kirâm entraient dans cœurs de ceux qui l'aimaient à travers Tâbi'în. Ainsi, les fidèles de chaque époque apprenaient l'Islâm par l'intermédiaire de leur murshîd ainsi qu'ils en acquéraient des flux lumineux.

Si un musulman rattachait son cœur à son murshid et s'il pouvait atteindre ainsi les flux lumineux effusés du cœur béni de Rasûlullah à travers son murshîd, il aurait une foi plus ferme, il aurait une obéissance plus commode à l'Islâm, et il aurait faire commodément ses prières et en ayant plaisir. Son âme (nafs) refuse succomber à des tentations. Il n'y aurait rien d'autre que cet amour, ce lien dans son cœur alors que son aql (intelligence) s'occupait du commerce, de l'agriculture, de gain halal, de la science, de l'art, du droit, du jihâd, de l'astronomie et des autres affaires mondaines ou qu'il aidait les autres à régler ses difficultés. Il ferait toutes ses prières, ses bonnes œuvres seulement pour l'obéissance à Allahu taâlâ d'une manière digne et parce qu'IL les a ordonnées de faire. Il ne considérait autre intérêt que l'agrément d'Allahu taâlâ. Il acquerrait dans son cœur des connaissances spirituelles. Sayyid Abdulhakîm al-Arwâsî "rahmatullahi alaih" était un tel murshîd. Il étonnait tout le monde en sa compagnie avec ses réponses données pour les questions lui posées sur les connaissances de foi, de fiqh, de toutes branches de science, de tous domaines. Les connaissances religieuses et scientifiques acquises par l'effort sont appelées **"ilm"** (science). Des contemplations spirituelles et des situations intérieures qui arrivent, qui naissent dans le cœur du murshîd sont appelées **"Shuhûd"** ou **"Ahwâl"**. La contemplation, la vision (shuhûd) de la vérité d'Allâhu ta'âlâ et de Ses Attributs est appelée **"ma'rifa"** (connaissance spirituelle). Connaissance de la vérité (ma'rifa) d'Allâhu ta'âlâ, c'est comprendre qu'il n'existe rien autre que Lui, et que âlam, c'est à dire, toutes les créatures seraient inexistantes et qu'elles n'étaient qu'une vision comme sur le miroir. Ma'rifa de Ses attributs signifie comprendre qu'ils étaient semblables à rien. Ces deux étapes sont appelées **"Ma'rifatullah"**, et **"fanâ-fillâh"** (se perdre dans l'essence d'Allah Le Très-Haut). Celui qui l'a atteint est appelé **"Ârif"** (Sage). Et celui qui est Ârif ne pourrait faire du mal à personne. Il serait toujours bienveillant, bienfaisant envers tout le monde. Il serait un serviteur aimé d'Allâhu ta'âlâ et il serait un murshîd. Il diffuserait les connaissances religieuses ainsi que des flux lumineux (fayz). Murshîd est le nom de celui qui diffuse, qui émet des connaissances, des sciences, pas des connaissances diffusées et émises. C'est à dire, le murshîd signifie un "être humain parfait". C'est un musulman perfectionné utile à tout le monde, à son pays, à son peuple. Il est indispensable d'apprendre et d'obéir à l'Islâm pour avoir du flux lumineux émanant de murshîd. Par exemple, si une femme voulait obéir à l'Islâm, il faudrait qu'elle se recouvre la tête, les cheveux, les bras, les jambes sauf le visage et les paumes quand elle sort dehors, et qu'elle ne les montre aux hommes étrangers. Un musulman non pratiquant, c'est-à-dire celui qui n'obéissait pas à l'Islâm n'aurait jamais acquis du fayz. De plus, il est dit qu'il serait châtié dans le feu de l'Enfer s'il ne disait pas son repentir (tawba). Pour avoir du fayz, du flux lumineux dans le cœur, il faudrait comprendre bien la perfection de son maître (murshîd), de croire à lui et l'aimer. S'il l'aimait de cette manière, il en aurait même par la lecture de ses ouvrages. Un disciple qui en atteint pendant qu'il est en compagnie de son murshîd ou pendant la lecture de ses livres, il en aurait aussi s'il faisait du **"râbita"** (attache à son guide spirituel) du loin, c'est à dire s'il imaginait le visage de son murshîd [quand il s'en rappelait]. Il en aurait aussi s'il rendait visite aux tombeaux des guides spirituels d'autrefois.

9

GLOSSAIRE

abad *(opp. azal)*: la prééternité.

abd; qoul: serviteur d'Allah Le Tout Puissant; créé, e; créature humaine, servieteurs humains

'âbid: l'homme pieux.

abrâr: les justes, autre degré de la hiérarchie des Saints.

Abû Bakr Siddiq (radiallahu anh): Premier Calife de l'Islâm.

adab: la bienséance dans le comportement avec Allâhu taâlâ et avec autrui.

âdat: coutume, usage, mœurs; principe

adâlah: justice

adhan: l'appel à la prière.

'adilla shar'iya: Les quatre sources où se basent les fondements de l'Islâm; Le Livre (Qur'ân al-karîm), la Sunna, Qiyâs al-fuqahâ et ijmâ al-umma.

adl: justice, loyauté, droiture, loyal, juste

ahdath: innovation; innovée

ahkâm: ordres, préceptes, principes, règles essentiels; commandements et interdictions; statuts.

ahkâm al-shar'iyya: principes de l'Islâm.

ahl: gens

Ahl Bayt ou Ahl-al Baït: Gens de la Maison; membres de la famille de Rasûlullah).

Ahl al-bid'a: Gens de la Bid'a; innovateurs en religion.

Ahl sunna (wâl jamâ'a): Gens de la Sunna; gens de la tradition Prophétique; Les vrais musulmans qui suivent sahâba't-al kirâm (Compagnons de Muhammad alaihissalâm). Ils sont appelés aussi les Musulmans Sunnites. Un musulman d'Ahl sunna s'adapte à une de quatre madhhabs. Elles sont Hanafite, Mâlikites, Chafi'ite et Hanbalite.

akhir: dernier, fin, final

akhir al-zamân: la fin des temps.

akhira: l'au-delà, l'autre monde; la vie dernière, future, par opposition à la vie de ce monde

akhlâq: le caractère; les bonnes mœurs; le bon comportement.

âlam: monde; pl. mondes; univers; monde d'ici-bas et celui de l'au-delà (les deux mondes).

'âlim (pl.ulamâ): savant en Islâm; savant en matière religieuse (ou scientifique).

allâma: érudit, savant de haut degré.

'a'mal: actes

'amânat: confiance

al-amîn: loyal

Amîn!: Ainsi soit-il!

amîr: commandant, gouverneur.

amîr al-Mu'minîn: Calife des musulmans.

amr: Ordres, commandements

amr bil-ma'rouf wa nahyou'ani al- munqar: commander le bien et réprouver et interdire le mal

Ansar: Compagnons de Rasûlullâh "sallallahu alaihi wa sallam" qui étaient à Médine ou à proximité.

aql: l'intelligence, le raisonnement.

'ârıd (pl. awârid): ce qui survient inopinément, pouvant engendrer le trouble et distraire l'attention.

'ârif: le connaissant; le sage.

'asl (pl. usûl): base.

Asmâ al-husnâ: Noms divins.

awkat: temps, heures, horaires

awliyâ: saint musulman.

âyat: verset; Signe.

âyat al-karîma: versets du Qur'ân al-karîm

azal (opp. abad): la post éternité.

Bani Israil: les enfants d'Israël.

baqâ': la subsistance, notion corrélative à anéantissement (fanâ) et suggérée comme lui par le Qur'an al-karîm.

bassar: la vue.

bassîra: la clairvoyance.

bâtin: Ce qui est intérieur, caché par opposition à ce qui est extérieur, manifeste (zâhir); partie cachée

bid'a: innovation blâmable; dogmes religieux erronés qui n'existent pas dans les quatre sources de la religion et qui furent exposés après la quatrième. Tous les bid'ah sont hérétiques, déviés.

bidâya (pl. bidâyât): début, commencement.

Chi'ite: secte hérétique.

chafâ'a: intercession.

charh: commentaire.

chirk: l'associationnisme, péché majeur contre l'unicité divine.

chubha: le doute et aussi ce qui est de licite douteuse, dont on doit s'abstenir.

chukr: gratitude, reconnaissance.

dalala: erreur, égarement, hérésie.

dalil: preuve; signe; argument; guide

dhâhir: partie explicite (par opposition à bâtin qui est partie cachée)

dha'if: faible

dalâla(t): erreur; hérésie.

dhât: Être, l'essence, personne.

dhikr: se rappeler Allâhu ta'âlâ, avoir Allâhu ta'âlâ présent à l'esprit et au cœur.

dhuhr: midi; la prière de salât de midi

dhuhurat: manifestations

diyânat: religiosité

dunyâ: Ce bas monde, par opposition à âkhira.

fadl: faveur

fanâ: l'anéantissement, notion corrélative à la subsistance (baqâ) et suggérée dans le Qur'an al-karîm. C'est la disparition de tout ce qui n'est pas Allah, non par sa destruction, mais par la prise de destruction, mais par la prise de conscience de son inconsistance.

faqîh (pl. fuqahâ): docteur en droit de fiqh.

faqr: la pauvreté.

farâ'id: obligations d'institutions divines.

fard: obligation; précepte religieux prescrit formellement aux croyants; choses qu'Allâhu ta'âlâ ordonne clairement dans le Qur'an al-karîm.

fard kifâya: devoir communautaire

fasâd: le désordre, le mal, la corruption, la sédition

fâsiq: pervers, e; pécheur.

fatanat: intelligence

fath: l'un des cent quatorze chapitres du Qur'an al-karîm.

fatwa: un avis ou sentence juridico-religieuse donné par un spécialiste de la loi islamique sur une question particulière

fayz: flux lumineux, effusion sprituelle; perception sprituelle

fiqh: science de Droit religieux islamique; connaissances qui indiquent ce qu'il faut faire et ce dont on doit se méfier; les commandements et les interdictions.

firâsat: la sagacité

firqah: groupe

*al-firqa al-najiya: **groupe de salut; Ahl al sunnah; les gens de la Sunna***

fisq: perversité

fitna: la discorde, la dissension, la tentation.

fukaha: les docteurs de droit musulman

fur'û al-dîn ou furou ad-dîn: Sciences religieuses concernant les principes de fiqh, de la jurisprudence de l'Islâm; branches de la jurisprudence de l'Islâm.

futuwwat: la générosité du cœur.

gazâ: guerre sainte.

ghaflat: la négligence, l'insouciance.

ghayb: l'Invisible.

ghayba: l'absence.

ghayr makhlûq: incréé(e)

ghiba: la médisance

ghusl ou gossal: ablution de tout le corps, la grande ablution ou ablution complète.

hadith: chose créée, créature; (Le mot hadith a des différents sens. L'un de ceux-ci signifie la contingence; le contraire de l'immuabilité; comme adjectif, il signifie ce qui n'est pas immuable, ce qui est nouvellement arrivé, ce qui est récent ou créé postérieurement, ultérieurement; un autre sens du mot hadith, c'est le rapport, le propos, la parole, la communication, la nouvelle, la conversation, la relation, etc.

Hadiths sharif sont les paroles bénies du Messager d'Allah Le Très-Haut "sallallahu alaihi wa sallâm"; le hadîth est à la fois l'ensemble de traditions sur Rasûlullâh constituant une loi de tradition orale.

hadiyah: cadeau

hadj: pèlerinage à la Mecque.

hadra: la présence.

hâl: l'état mystique, imprévisible et instable, caractéristique des initiations divines dans la voie passive.

halâl: ce qui est licite.

Hamalat al-Arsh: Anges du Trône

haqîqa: la Réalité.

harâm: interdictions; actes et choses défendues par la religion; ce qui est illicite.

Haqq, al-Haqq: la Réalité divine.

hanafite: quelqu'un qui suit la madhhab établie par Imâm-ı a'zam Abu Hanîfa, l'une de quatre école du droit musulman sunnite.

hasan: bon

hayâ: la pudeur.

hayât: la vie.

Hédjaz: Région sur la péninsule arabe.

hidâyah: la guidance; le droit chemin.

hijâb: le voile.

hijrî: de l'Hégire.

hikmat: la sagesse.

hilm: douceur de caractère

himmat: la préoccupation.

Hulq al-'azim: la haute qualité morale

houlûl: habitation divine dans l'âme.

hubb: l'amour.

hujja: la preuve, l'argument.

hulul: l'inhérence

ibâda(t): obligation cultuelles; culte qu'on doit pratiquer du coeur ou avec le corps.

ibaha: la licéité

ibâra: l'expression claire et adéquate.

Iblîs: Satan, Démon

idhafat: attribution

iffat: chasteté, pureté, sagesse

iftâr: repas de rupture du jeûne

ihsân: le bien-agir; perfection; excellence; bonté

ijaza: diplôme, licence, permission, autorisation

ijmâ' (al- ijmâ'): unanimité, consensus; l'accord unanime de la communauté.

ijmâ'al-umma(t): consensus de la Communauté.

ijtihad: l'effort de réflexion, raisonnement personnel juridico-islâmique pour interpréter la Loi, les prescriptions sacrées.

ikhlâs: la sincérité; la qualité, l'attention ou l'état de faire tout seulement pour l'amour d'Allah.

ikhtiyâr: le libre choix, le choix; la facult» de choisir

ikrâm: générosité; dons;

ilâhi: divin.

ilhâm: l'inspiration.

'ilm (pl. ulûm): la science; instruction, compétence

'Ilm laduni: Science venant d'auprès d'Allah Le Très-Haut

'ilm usûl al-fiqh: littéralement «la science des fondements de la loi, de la jurisprudence de l'Islâm.

'imâm: celui qui a pour mission d'éclairer et de guider les autres.

imâm de madhhab: nom donné aux docteurs sunnites qui fondèrent les quatre école-juridiques de l'Islâm.

îmân: foi, croyance en tout ce qu'Allâhu ta'âlâ nous a ordonné croire par l'intermédiaire de Son Prophète bien-aimé (sallallahu alaihi wa sallam).

imdâd-al ilâhi: Sa grâce

imsâk: début du jeûne; étymologie: s'arrêter, cesser de faire qqch.; s'abstenir; en astronomie: le moment où le bord avant du soleil s'approche de 19° de l'horizon apparent.

inhilâl: dissolution

inhirâf: détournement

inshâ: performatif ou énoncés performatifs.

irâda: la volonté.

irfân: connaissance, sagesse, culture, savoir, connaissance sprituelle

ishraq: illumination

islâh: correction; amélioration

isma ou ismat: la toute pureté

isti'dat: la prédisposition essentielle

istighfar: demande de Pardon

istighathah: recherche du renfort

i'tiqâd: croyance

ittikâ: fermeté

ittilâ: l'information

Jahannam: la Gehenne; l'Enfer.

jâiz: possible; possibilité; probabilité; permis; permissible; licite

jalâl: Grandeur, Magnificence

jamâl: Splendeur, Beauté

jamâ'a(t): communauté; tous les croyants dans une mosquée.

Jamîl: beau

Jamila: belle

janabâ: impurté rituelle

Jibrîl: l'Archange Jabrâîl (Gabriel) alaihissalâm.

jihâd: l'effort en soi pour la vraie foi; le combat, la guerre sainte contre l'âme charnelle, le démon et les ennemis de l'Islâm.

jism: corps

jizya: tribut, impôt payé par les non-musulmans.

kabâ'ir: péchés majeurs; péchés capitaux

kachf: le dévoilement.

kaffâra: expiation

kâfir: mécréant; infidèle, incrédule.

kalâm: parole

Kalâm ilâhi: la Parole Divine

kalâm lafdhî: parole externe

kalâm nafsi: Parole interne

kalimatullah: le Verbe d'Allah

kalîmullah: Celui qui entend la parole d'Allâhu ta'âlâ.

kamalat: perfection

kâmil: parfait.

kamâl: perfection, excellence.

karaha: la réprobation

karâmat: l'honneur dont Allâhu ta'âlâ gratifie; le prodige; merveilles, dons et faveurs venant d'Allah Le Très-Haut.

karîm: généreux

kasb: acquisition; acquisivité

kashf: le dévoilement

kayfiyya: le comment

khabar: constatif ou énoncés constatifs;

khalaf: successeur

khâliq: Créateur.

khalq: création

khoutba: sermon de Vendredi.

khalq: nom collectif désignant les hommes, créatures d'Allâhu ta'âlâ.

khuchû: l'humilité.

khuluq (pl. akhlaq): le caractère, les bonnes mœurs.

khurûj: Exode.

khusûma: la querelle.

kirâman Kâtibîn: anges scribes

kufr: la mécréance

la'nah, la'nat: malédiction

Lawh al-mahfouz: la Table gardée

madhhab: Ecole de jurisprudence en Islâm; écoles juridico-islamiques.

mahlûq: créature, créé(e)

mahshar: lieu du rassemblement

makrûh: acte détestable; réprobé; chose détestée.

ma'nâ: le sens, la signification.

mandoûb: acte recommandé; louable.

maqâm: Rang; demeure; station.

maqân: endroit, espace.

maqboul: recevable

maqtou: coupé, e

mardûd: irrecevable

ma'rifâ: la connaissance spirituelle, connaissance de la vérité.

masjid: la mosquée.

Masjid-al-Harâm: la grande mosquée à la Mecque.

Masjid-an-Nabawî: mosquée à Médine.

ma'siyya: la désobéissance aux commandements d'Allâhu ta'âlâ.

mawdû: fabriqué, inventé

mawjut: présent, existant

mayl: penchant

médressa: collège islamique.

minnat: le bienfait, la faveur d'Allâhu ta'âlâ.

Mi'râdj ou Mi'raj: L'ascension

misk: la plus agréable odeur.

Mizân: balance, au jour du jugement dernier

muâmalat: normes des rapports entre humains selon le droit (fiqh); affaires sociales.

mubâh: action ou chose ni ordonnée ni défendue de faire; indifférent; permis ou non défendu.

mudarris: professeur, enseignant à l'université ou au médressa.

mufassîr: exégète

muftî: docteur de la loi musulmane.

muhâjir: l'homme qui devint musulman à la Mecque avant d'être capturé.

muhâsaba: l'examen de conscience.

muhît ou al-muhît: qui embrasse tout.

mujâhada: l'effort d'ascèse

mu'jiza: miracle des Prophètes "alaihimussalâm".

mujtahid: le grand savant qui produit un effort de refléxion de l'ijtihad.

mukaddima: introduction

mukallaf: tout musulman raisonnable; obligé(e); résponsable, chargé(e);

Moukarrabûn: les Rapprochés

mulhid: hérétique

mu'min: croyant, musulman.

Mumkin al-wujûd: possible; existence possible

Mumtani' al-wujûd: l'impossible; existence impossible

munafiq: hypocrite.

murtad: apostat.

mushrik: polythéiste, associateur, idolâtre.

mustahab: acte recommandé

Musulman: celle ou celui qui se soumit à Allahu taâlâ.

mutachâbihât: ambigus, versets ambigus

mutakallim: adepte du kalâm

mu'tazila: l'une des sectes égarés de l'Islâm.

muttakî: ferme

Nabî: Prophète.

nâfila: prière surérogatoire; acte surérogatoire.

nafas: souffle; moment

nafh ~: souffler; respirer

nafs: l'âme; l'âme charnelle;la sensualité; la tentation, le sens, ego

nahy: interdictions

nakl: la tradition; la transmission

naks: manque; défaut; imperfection; perte

namaz: (salât); la prière rituelle faite cinq fois par jour.

nash: abrogé, abrogation.

nasîha: le bon conseil qu'on doit donner à l'autrui.

nass: bases scripturaires explicites.

na't: la qualification, la qualité, la description.

nihâyat: la fin.

nikab: voile m

nikah: l'acte de mariage islamique.

ni'mât: la faveur divine, la grâce, le bien.

nubuwwat: Prophétie.

qadar: destin.

qadîm: préexistant absolu; éternel; immuable.

qalb: le cœur.

qıyâs (al-qıyâs): le raisonnement analogique; analogie légale

qiyâs (al fuqahâ): analogie légale établie par les jurisconsultes en Islâm; conclusion tirée par un mujtahid en comparant une affaire non-précise à celle qui est citée clairement par les nass ou ijmâ.

qiyâs-ı mantiqî: syllogisme.

qudra: le pouvoir

quds: la sainteté.

qudsî: sacré

Quraysh: Les descendants d'Ismaël alaihissalâm, le fils d'Abrâhîm alaihissalâm et ancêtres de notre Prophète "sallallahu alaihi wa sallam".

qurb: la proximité.

Rabb: Seigneur, Créateur, Eternel; Allâhu ta'âlâ.

Ar-Rahmân: le Tout Miséricordieux

Ar-Rahîm: le Très Miséricordieux

rahma: miséricorde

rak'at: unité de salât.

Rassoûl: Envoyé; Messager d'Allâhu ta'âlâ.

Rasûlullâh: Muhammad alaihissalâm; le Messager, le Prophète d'Allah Le Très-Haut.

râwi: transmetteur de hadith

ri'âya: la vigilance

ridâ: le consentement, l'agrément

riyâda: ascèse; mortification de sensualité

Rub'i dâira: Quadrant, Astrolabe

rûh: l'esprit.

rukhsa(t): facilité, la dispense, dont on n'use que par tiédeur.

rukû': inclination

Ru'yat: la vision du Créateur

sabab: pl. asbâb: les causes, les moyens, les raisons.

sabr: la constance.

sâdiq: véridique; fidèle; sincère; loyal

sahîh: sain; authentique

sajda: prosternation

Salaf as-salihîn: les pieux prédécesseur

salât: prière rituelle.

sâlih: pieux, vertueux

sâlik: voyageur

sâlnâma: annuaire officiel

saqîm: malade

sawâb / thawâb: récompense; œuvre pieuse; profit

sayyîd: un descendant de Hadrat Husein, le petit-fils de Rasûlullâh.

shahada: profession de foi; attestation ‖ témoignage, martyre.

shâhid: témoin

sharî'a: la Loi musulmane [la Loi divine, révélée dans le Qur'an al-karîm, complétée par la Sunna et le consensus de la Communauté].

sharîf: honorable, honoré, glorieux, saint, sacré, béni ‖ descendant de Muhammad alaihissalâm

shirk ou chirk: associationnisme, polythéisme; idolâtrie

shuhûd: contemplation spirituelle

sidq: la véracité, vérité, sincérité, loyauté, droiture, véridique.

siddîq: le très sincère, le véridique

Sifât dhâtiyya: Attributs de l'Essence

Sifât ilâhî: Attribut Divin

Sifât thubûtiyya: attributs de Perfection

Sirât: Pont au jour du Jugement Dernier.

sirr: secret

sohba: la compagnie, la guidance sprituelle.

sourate: chapitre du Qur'an al-karîm.

sulahâ': les pieux

Sunna: la tradition de Rasûlullâh.

surûr: la liesse.

tâ'at: l'obéissance.

tabarrouk: recherche la bénédiction auprès d'un walî, d'un pieux.

tafakkur: la pensée; la réflexion

tafsîr: exégèse; livre, science d'exégèse du Qur'an al-karîm.

taghout: idole

tahlîl (at-tahlîl): affirmation de l'unicité

tahmîd (at-tahmîd): la louange

tahrîf: interpolation

takbîr (at-takbîr): proclamation de la Grandeur d'Allah Le Tout Puissant

talâq: répudiation, divorce

talfîq: l'eclectisme; recherche et mélange des facilités, des préceptes de quatre écoles, lequel n'est pas permis en Islâm.

tamkin: l'affermissement dans le temps

tanzîh-(at-tanzîh): transcendance

taqwin: Genèses (l'Ancien Testament).

taqwâ: la piété.

tasawwouf: soufisme ou mysticisme défini par l'Islâm.

tasbîh-(at-tasbîh): glorification

taslîm: la soumission totale.

tasniya: Deutéronome dans l'Ancien Testament.

tawadu: la modestie.

tawâf: la circumambulation

tawakkul: s'appuyer sur Allâhu ta'âlâ.

tawassul: supplication à travers l'évocation de la faveur du Messager d'Allah Le Très-Haut "sallallahu alaihi wa sallam" et de l'awliyâ.

tawâtur: transmission d'une façon successive par de nombreuses personnes; rapport fiable transmis d'une façon authentique

tawba: le repentir; la conversion, retour à Allâhu ta'âlâ.

tawhid: la profession de foi monothéisme, l'unification.

ta'wil: interprétation.

tawqîfî: révélé

ta'zîm: la révérence.

teblîgh: délivrer le message

thawâb / sawâb: récompense; œuvre pieuse; profit

'ubûdiyya: le servage, la condition de serviteur.

'ulûhiyya: la divinité

Ulu'l-azm: doué de fermeté; Prophète doué de fermeté

Umma, umma't: la Communauté

al-'urf: les coutumes.

usûl-al din: sciences fondamentales de l'Islâm; sciences sur les pricipes de la religion.

usûl-u tafsîr: science de l'Exégèse, fondements de l'Exégèse

wahdaniyya: l'unicité.

wahy: révélation faite à un Prophète par Allâhu ta'âlâ.

wajd: l'extase.

wajh: face; essence

wajîb: le nécessaire.

wajibul wujûd: existence nécessaire, indispensable, essentielle; Etre essentiel.

walî (pl. awliyâ): le saint, celui qu'Allâhu ta'âlâ a pris en charge et placé sous sa protection spéciale.

waqf: fondation pieuse à laquelle sont attribués des revenus destinés à en assurer le fonctionnement.

waqt: période; instant.

wara: le scrupule.

wilâya (pl. wilayât): la sainteté.

wujûd: existence; essence; être; (aussi, la découverte, le fait de trouver, par opposition à la recherche (talab))

wusul: la connexion

Ya'jûj et Ma'jûj (Gog et Magog): Il est écrit dans le Qur'an al-karîm que Yâ'juj et Ma'jûj (Gog et Magog) étaient deux peuples méchants à une époque bien avant, qui restèrent derrière une muraille et qui se répandront sur terre vers la fin du monde. Considérant que les recherches archéologiques ont trouvé des cités enfouies sous terre et des fossiles marins sur les cimes des montagnes, cette muraille ne doit pas être à l'air libre et ces peuples ne doivent pas être nombreux aujourd'hui. On peut penser le fait que, de même que des milliers de millions de gens d'aujourd'hui sont issus de deux personnes, de même ces peuples se répandront sur terre se multipliant à partir de quelques personnes et personne ne sait où elles sont.

yaqîn: la certitude.

Zabûr: (les psaumes)

zâhir: ce qui est extérieur, manifeste, par opposition à caché (bâtin).

zakât: l'aumône légale

zamân: le temps

zındîq: renégat, mécréant

zuhd: le renoncement.

CURO-AGORO Bassirou   Sotoubou le 2-08-88
B.P 53 Sotoubou-ville
TOGO- Afrique.

    Honorables frères de l'organisation IHLAS VAKFI,
je vous remercie Allahu Téâlâ de m'avoir intégrer à
votre organisation, je ne vais jamais cesser de vous
remercier. Qu'allahu Téâlâ vous pardonne et vous
accorde le bonheur éternel.
    je suis vraiment fier de votre correspondance
j'ai trouvé dans mon colis de merveilleux livres
très riches en connaissances islamiques. Chers fondateurs et partisants de l'islam, vous avez tant fait.
Que Dieu vous aide dans votre tâche quotidienne
afin de vaincre les infidèles et surtout les ennemis
les égarés du bon chemin.
    je vous prierais de m'envoyer des livrets que
vous jugez très necessaires pour moi afin de
m'éloigner de l'ignorance en islam.
Priez pour moi aussi, mes frères afin de m'épar-
gner des illusions du satan.
    je pense m'arrêter ici.
    Veuillez recevoir mes remerciements et mes
salutations les plus cordiales.
            Merci. votre OURO-AGORO Bassirou.

PUBLICATIONS DU HAKİKAT KİTABEVİ

EN FRANÇAIS:
1– L'Islam et la Voie de Sunna, 112 pp.
2– Foi et Islam, 160 pp.
3– Islam et Christianisme, 304 pp.
4– L'évidence de la Prophétie, et les Temps de Prières, 144 pp.
5– Ar-radd al Jamil, Ayyuha'l-Walad (Al-Ghazâli), 96 pp.
6– Al-Munqid min ad'Dalâl, (Al-Ghazâli), 64 pp.

ENGLISH:
1– Endless Bliss I, 304 pp.
2– Endless Bliss II, 400 pp.
3– Endless Bliss III, 336 pp.
4– Endless Bliss IV, 432 pp.
5– Endless Bliss V, 512 pp.
6– Endless Bliss VI, 352 pp.
7– The Sunni Path, 112 pp.
8– Belief and Islam, 128 pp.
9– The Proof of Prophethood, 144 pp.
10– Answer to an Enemy of Islam, 128 pp.
11– Advice for the Muslim, 352 pp.
12– Islam and Christianity, 336 pp.
13– Could Not Answer, 432 pp.
14– Confessions of a British Spy, 128 pp.
15– Documents of the Right Word, 496 pp.
16– Why Did They Become Muslims?, 304 pp.
17– Ethics of Islam, 240 pp.
18– Sahaba 'The Blessed', 384 pp.
19– Islam's Reformers, 320 pp.
20– The Rising and the Hereafter 112 pp.
21– Miftah-ul-janna, 288 pp.

DEUTSCH:
1– Islam, der Weg der Sunniten, 128 Seiten
2– Glaube und Islam, 128 Seiten
3– Islam und Christentum, 352 Seiten
4– Beweis des Prophetentums, 160 Seiten
5– Geständnisse von einem Britischen Spion, 176 Seiten
6– Islamische Sitte, 288 Seiten

SHQIP:
1- Besimi dhe Islami, 96 fq.
2- Libri Namazit, 208 fq.
3- Rrefimet e Agjentit Anglez, 112 fq.

ESPAÑOL:
1- Creencia e Islam, 112

ПО РУССКИ:
1- Всем Нужная Вера, (128) стр.
2- Признания Английского Шпиона, (144) стр.
3- Китаб-ус-Салат (Молитвенник) Книга о намазе, (224) стр.
4- О Сын Мой (256) стр.
5- Религя Ислам (256) стр.

НА БЪЛГАРСКИ ЕЗИК:
1- Вяра и Ислям. (128) стр.
2- НАМАЗ КИТАБЪ (256) стр.

BOSHNJAKISHT:
1- Iman i Islam. (128) str.
2- Odgovor Neprijatelju Islama, (144) str.
3- Knjiga o Namazu, (192) str.
4- Nije Mogao Odgovoriti. (432) str.
5- Put Ehl-i Sunneta. (128) str.
6- Ispovijesti Jednog Engleskog Spijuna. (144) str.

18424935R00095

Printed in Great Britain
by Amazon